協同教學

總校閱：鍾聖校
吳麗君
譯者：吳麗君等譯

濤石文化事業有限公司
WaterStone Publishers

作者序

為什麼寫這本書

想像一下你修了一門心理學的課，授課的教師是佛洛伊德(Freud)、阿德勒(Adler)和容格(Jung)。不僅是單向、被動的聽Steve Allen的古典對話，或僅僅是從旁觀看圓桌討論，也不是看著Bill Moyers與Huston Smith的晤談或看著Joesph Campbell談宗教。這些錄製下來的經典固然吸引了成千上萬的人閱讀聆聽，但是閱讀與聆聽的人不能提出自己的問題，不能表示自己的意見，讀者與聽者就眞的只能閱讀與聆聽。

如果有一個學期的課程，讓你有機會在教室中和以下這些大人物進行對話，該會是多棒的一個機會。

*與Carl Sagan, Francoise Sagan和Fritjof Capra在一起討論宇宙的性質。

*與Margaret Mead, Ruth Benedict和一群現代的人類學家，共同探討如何去了解與欣賞不同文化下的人民。

*與Hannah Arendt和Mao Arthur將軍、Eisenhower以及Patton從西方的觀點分析第二次世界大戰。

*與Pablo Picasso, Jacques Derrida和Ingmar Bergman和Teresa修女聚在一起討論現代文明。

你希望參與上述任何一場盛會嗎？

無怪乎教師和學生們對於協同教學都感到興奮。所有關於協同教學的書都已絕版，卻有許許多多相關的文章出現在期刊上，顯然人們對於協同教學的概念相當有興趣，而這本

書將幫助你對協同教學有一個全面性的綜觀。此外，也

提供一些建議。書中將解釋協同教學如何運作？爲什麼要使用協同教學？本書嘗試藉著研究作仔細周全的檢視及利用這些研究在實務面的意涵，來回答協同教學的相關問題，並儘可能地以清楚、明白且便於閱讀的方式來撰寫。協同教學的性質、目的、型態、歷史和評鑑等都是本書的討論範圍。此外，本書還敘述協同教學所需要的資源、教師、學生和行政人員所扮演的角色等。本書對照、比較協同教學和其它的教學技巧，對於有心想要嚐試這種新取向的個案來說，具有強化的效果。本書的基本前提是三個臭皮匠勝過一個諸葛亮，這話讓人興奮並具有活化的效果。與其被迫地採用新的資訊、新的技術與新的文化來改進教學，不如主動地以實驗的精神來進行。

由單一教師的教學變成協同教學，其最主要目標是增進教與學的品質，協同教學是達成這個目標的衆多方法之一。在持續地調整教育系統，以配合學生需求改變和教師能力變遷這一條路上，採用協同教學是很重要的一步。

實施協同教學是一件不容易的事，在人員方面，參與者包括教師、行政人員、協助的成員和學生。它也涉及管理型態、人際關係、教育目的和教育方法的議題。此外，協同教學直接涉及時間的安排、教室的規模、預算等問題，也會間接影響到教學媒體、師生的士氣、教師的流動率以及新進人員招攬等問題，而這個連鎖的反應會改變整個學校的環境。

協同教學的成果值得我們做這麼多的努力嗎？無庸置疑，答案絕對是肯定的。

我們的想法經常受到文化的侷限，西歐及美國的文化是高度個人主義的，而且經常過度傾向個人主義。珍惜學術自由是對的，它保護教授擁有新穎而又有點奇特的教學取向、問題及觀念。此外，學術自由也可以藉由教師們在教室中，

當著學生的面示範有禮的論辯方式來彰顯。在非洲及初

民社會喜歡一群的先知、醫藥人員、治療人員或來自於該文化中的專家，共同來驅退無知。在中東及亞洲文化則對於匯集衆多意見來尋找智慧乙事也賦予高度的評價。大家庭也讓孩子們有機會同時向多位成人學習，所有的教師都可以向這種文化學習。

在商業界、運動、太空探索和醫藥界都強調協同的價值，這種價值被帶到學術界之後就形成了協同教學。

談到協同教學，經常遇到的反對聲浪就是”在我的領域裡，這個行不通”。參考書目中的文章和書籍將提供理論及實例告訴我們：在各種不同的領域中，行政人員和教師如何利用協同教學；如何提昇協同教學在正式、非正式場合中的應用；協同教學如何在各種不同年齡及文化的團體中，被用來增進教學。

本書訴求的讀者包括：高等教育機構中各學門的教師和行政人員，大學部的學生以及研究生，尤其對於協同教學這種新而有效的教學革新有興趣的人。對於其它各教育階層的行政人員、教師、圖書館員等等，本書也非常有幫助。

這本書是三十年來嚐試各種形式協同教學的成果，這些過往的經驗包括：從小學到大學研究所，在舊金山大學(University of San Francisco)的宗教教育、人類學、社會學和心理學等學門。 四個世紀以來在基督教的教育中，一直很強調對學生個人的觀照，並以開放的態度來迎接新觀念、新技術。我要向我的同事及學生致謝，他們在這些年來教了我很多。我尤其要向S.J. Edwin McDermott和S.H. Maria Dela Cruz Aymes致上謝意，我們在世界各地一起歡笑、一起作戰、一起禱告，也和學生一起學習。

中譯序言

吳麗君

這是一本在實務方面非常具有參考價值的小書，雖然篇幅不多，卻涵括協同教學幾個重要的面向。全書分成四個部分，第一部分處理協同教學的原則，第二部分探討協同教學的設計，第三部分的重心是協同教學運作的相關議題，包括協同教學群的領導、衝突的處理、教學群的訓練和作決定等，第四部分的焦點是協同教學的評鑑和支持。就協同教學而言，這是一本麻雀雖小五臟俱全的入門書，而且只要讀者對於協同教學有基本認識，就可以直接進入各章，未必要從第一章循序地讀下去。

就形式來看，作者Francis J. Buckley使用非常淺白易讀的方式來撰寫本書；就內容而言，班群、協同教學等議題，近來在台灣地區的教育論述與小學教學現場成為聚光燈追逐的焦點，因此我在九十學年度的第一學期將本書列為碩士班一年級「教學設計與發展」乙科的教材之一，以前後兩週四堂課來討論這一個議題，而這本譯作就是修課同學努力所留下的痕跡。出版本譯作有兩層意義：就修課的同學而言，譯作的出版讓他們感受到自己眞眞實實地在參與學術社群的活動，讓課堂的活動朝「眞實性學習」邁前了一步。就譯作本身來看，對於教育場域中有興趣於協同教學者而言，它確實具有參考價值。雖然作者Francis J. Buckley撰寫此書的脈絡是西方的，而且在高等教育機構裡運作，但是背後仍有諸多值得身處東方的我們參考。就台灣的脈絡來看，它可以成為大學部教學原理或其它相關科目的參考書籍、可以做爲中小學現場教師在職進修的閱讀參考、也可以成爲研究所相關課程的參考，譯者也奢望本書能夠讓協同教學，在台灣的高等教育機構裡進一步被考量與接納。

值得一提的是，「教學設計與發展」乙科在授課上，有相當長的一段時間是由心輔系所的鍾聖校教授與我(吳麗君)以協同的方式共同擔任，因此學生是在協同教學的脈絡下來學習協同的理念。在課堂教學的時候，這一個部分主要由我來帶讀及主持討論，而鍾教授則發揮對話與批判的角色。而本譯作的出版歷程也見證了這種協同的精神，鍾聖校教授與我共同擔任全書的總校訂，我負責全書第一部分及序的翻譯，其餘三個部分則分別由同學擔綱，在歷程中我們有多次的討論與修正。初稿譯完後請英文造詣頗佳的李韻如同學再次修訂，然後請大學部同學閱讀並找出部分語義不清的句子，並請中文能力很強的王彥萍同學再次調整。雖然在歷程中我們做了嚴格的品管，疏陋之處難免，敬祈　方家賜正。最後要特別感謝濤石出版社秉持著爲學術盡力、爲教育傳承添薪加火的精神，出版這一本年輕學子們的譯作。

（中華民國92年2月17日寫於國北師院至善樓）

曹致鏘

翻譯的工作其實就是不斷要求自已追求更好的過程，感覺自己就像是原作者與讀者之間的連絡人，這個連絡人不但要傳達作者的原意，很擔心扭曲了作者要表達的意念、想法，又深怕讀者無法完全的領會或根本不懂這本譯作在傳達什麼，很慶幸的自己是在職教師，對這本有關「協同教學」的書能感同深受，雖然國外的教育文化脈絡不盡相同，但作者在書中所提及的問題、原則、方法、策略仍能給我們很好的啓發，當再三的閱讀時，您就愈能徜徉其中。

原瑞玲

九年一貫課程改革中的焦點在課程方面爲課程統整，教學方面爲協同教學，所以協同教學已成爲重要的教學型態之一。國內目前對於協同教學型態的論述多見於教育的期刊論文之中，少有專書有系統地介紹協同教學。這本書將實行協同教學的原由、協同教學方案的設計、實施的方法及評鑑協同教學方案，做了完整而詳盡的說明。對學校及教育現場的教師而言，此書不啻爲一本俾益教學的工具書。有幸參與其中部份章節的翻譯工作，因而在教學實務上有了更深入的瞭解。

高志芳

翻譯是在做一個橋樑的工作，將國外的知識經由翻譯介紹給國內的一般大眾，讓大眾更可以更輕易的貼近。在九年一貫推行的脈絡下，協同教學可以說是這波教育改革中很重要的一個特色，打破過去教師單打獨鬥。自己的教室自成一個國度的教學方式，而這本書將國外大學中協同教學的方式與經驗透過淺顯易懂的文字介紹給我們，雖然放在我國的脈絡下，國情不同，適用情況也各異，但是細細閱讀，加以轉化，仍有值得借鏡之處，願讀者閱讀之後也能得到一絲啓發。第一次從事翻譯工作，試著以流暢平穩的口語來詮釋作者的原意，但心中仍踹踹扭曲了作者的意思，筆觸上的生澀，還望各界指教。

周思伶

協同教學的用意，在整合教師的專長知識，培養學生具備知識與問題解決的能力，更希望藉此培養學生團隊合作的能力；教師在其中除了扮演教學的角色之外，也和團隊形成一特殊的學習社群，強調藉由積極的相互依賴，透過面對面的溝通過程，來激發不同的視野與態度。它並不是一種固定的教學方法，而是一種教學信念；此書提供讀者的是一個參考的依據，教師在教學過程中，仍須不斷思考學習者的特性並且彈性地加以調整教學策略，以發展出屬於自己學群特色的協同教學團隊。

「三個臭皮匠，勝過一個諸葛亮」，與他人良性的互動是一個美好的經驗，這種經驗，是不同於自己一人單打獨鬥，也只有體會過的人才可以瞭解的；期待此書可以提供您一個教學的新觀點，能對您的教學(或學者)有所助益，更豐富教學的內容與品質。

江雅琪

不一樣的教學，撼動人性中最眞的感動。

在「如何評鑑團隊」這個章節裡，作者平鋪之直敘在大學中有關協同教學裡各個層面：教師、學生、行政體系等等的各種相關要素，最主要的部分在於評鑑協同教學對於個個層面中能夠獲得如何的回饋以及影響。其後討論到「如何提昇教學群」的部分中作者將焦點聚集在剖析改進的教學意味著學生有著更好的學習，也代表著老師在教學狀況中有著更滿意的狀態的分析上面。最後談到「如何支持團隊」，詳細討論到學校行政部門應該透過哪些機制來支持協同教學團隊的發展。

這一本書的翻譯，是我在教與學的另一項體驗，將實務與學理開始作一連串的反思以及印證，對我而言，這一本書的成形，則是我對自己的教學生涯有著更多期盼的一種寫下生命的方式，感謝麗君老師激發我一連串的思考，也謝謝我的夥伴們一路的相扶持，我想在教與學的道路上，我們一直都是不寂寞的，「熱力無限、創意無窮」是我長久以來放在心裡的話，協同教學正是需要身爲老師的我們發揮熱力以及創意來寫下不一樣的教學歷程。

校定者序言

願景：中小學協同教學之核心

當21世紀商場上的競爭變成贏家通吃的局面，精密計算各種投入，加以操作，並加強品管，以確保產出優異，傲視群芳，甚至獨步全球，就成爲各種產業努力的方向。在各項投入的資源中，人力和智慧愈來愈受重視，講求的不僅是能單槍匹馬發揮功能的強人，還必須是能攜手合作、共創佳績的團隊。換言之，理想人選必須又能領導，又能抬轎。如何培養這種人才呢？在教學互動歷程中，最直接的示範是來自身教，即來自教師的協同教學。

一人努力和衆人努力，哪種情況容易達成目的呢？表面看來寡不敵衆，當然是衆人努力容易達成。而且「合作」、「共同」、「協力」，這類強調團結一致、互相幫助、齊心努力以達成目標的詞彙躍入眼簾，常會帶給人希望和力量的感覺。但眞相並不如「加法」那麼簡單，欲期「衆志成城」需具備一定之條件。過去協同教學未被鼓勵，考其原因在於：學術界長期存在著「思考，本質上是一種孤獨的行爲」。當學習的旨趣放在純粹只要獲得思考結果時，學習確實是一個人自家透過閱讀、蒐集資料、提出問題、再加深入思考，即可奏功。然而若學習的目的是放在能否學以致用，能否求得職位或在職務上出奇致勝、更上層樓，便需花大量精力在思考如何清晰表達、揣摩他人需要、了解對方想法、做法，以及說服、溝通、自我克制、應變等工作上。此時，思考就非個別的事物，而是一強烈涉及群性的活動。

協同教學特別能滿足這種群體建構性質的思考，它以散播式認知(distributed cognition)爲基礎，煥發認知思考經社會互動所呈現的光輝。附帶收穫包括人際互動的操練，及形成共識後產生的實踐效果。

盱衡世局，地球村的概念已然成爲生活事實，協同合作發展事業亦成爲主要的工作形式。以影藝界來說，2002年張藝謀導演的「英雄」繼李安的「臥虎藏龍」，完美結合兩岸三地人才，成功打入世界電影市場。兩者預兆著21世紀卓越的工作型態。

協同教學是在教學領域匯集人才，共同完成一項教學活動。此種教學形式，按理可應用於大、中、小各階段之教育工作。然而並非每一年級、每一領域、每一科目、每一門課的教學都適合用協同教學，而且協同教學對大學生、中學生、小學生的重要性也不一樣。概括言之，涉及高層次、複雜、統整的學習，用協同教學的投資報酬率較大，故亦可說大學最適合實施或應用。事實上，此書原本即爲大專院校的師生和行政人員所撰。

由於目前國內教改措施致力於中央鬆綁，並將教學設計和課程設計下放，同時提倡實施九年一貫課程、學校本位課程、統整學習、全方位學習等等施教理念，中小學教師擔負的課程與教學設計責任愈來愈重。因緣際會，協同教學在大學之外，亦成爲中小學教師紓解困難、並創新教學的法門之一。

天下沒有萬靈的教學法，協同教學自然有它本身難以落實之處，欲有效發揮其功能，需具備多種條件。其中最爲重要的是問「我們究竟想要什麼？想共同追求什麼？如何藉協同努力而非抵銷能力達成想共同追求的？」基督徒有這樣一句互勉的話：”Pray together, stay together.” 參與協同教學的教師們或相關人員需要有共同的願景，在共同願景的驅動下，發展教材、進行教學設計、活用教學策略。

本書是作者累積30年參與協同教學之經驗寫成的。對於協同教學的理念和實踐有言簡意賅、深入淺出的介紹，讀者從目次便可知其梗概。眞知貴在力行，力行宜有張本。吳麗君教授與我在民國90年國北師課程與教學研究所，協同教導「教學設計與發展」這門課。當時，引用這本書若干章節，讓同學們分組導讀、討論，有感於此書對教學工作現場的教師頗爲實用，特別在吳教授領導下，請有興趣的研究生加以翻譯，並請李韻如小姐協助解決翻譯困難之處，歷時經年，校訂後付梓。

特別感謝　濤石出版社，多方努力取得中文著作翻譯和出版權，使本書順利以中譯本出現。更謝謝所有參與翻譯的同學。深願這本小冊發揮拋磚引玉的功效，不僅促成人們了解協同教學之發展始末及實施方法，更進一步激發本土化的經驗。羅馬不是一天造成的，協同教學的各種「如何」，也不是一本書定奪的。

鍾聖校 謹序

譯者及校定者簡介

● 鍾聖校

現職：國立台北師範學院教授

經歷：台北市仁愛國中英語教師
澳洲昆士蘭大學教育研究所訪問學者

學歷：師大教育系學士
師大教育研究所碩士
師大教育研究所博士

任務：負責本書的校定

● 吳麗君

現職：國北師院初等教育學系暨教育研究所副教授

經歷：國小教師
教育部科員

學歷：師大教育系學士
師大教育研究所碩士
英國布里斯托大學(University of Bristol)
哲學博士

任務：負責本書的校定及1、2章的初譯

● 原瑞玲

現職：國立台北師範學院課程與教學研究所研究生

經歷：東吳大學中文系畢

任務：負責本書3、4、7章的初譯

● 周思伶

現職：國立台北師範學院課程與教學研究所研究生

經歷：中原大學商業設計系畢

任務：負責本書10、11章的初譯

● 曹致鏹

現職：國北師院課程與教學研究所研究生

經歷：台北縣鶯歌鎮中湖國小教師兼總務主任

學歷：國北師院初教系畢
　　　國北師院課程與教學研究所研究生

任務：負責本書5、6章的初譯

● 高志芳

現職:國北師院課程與教學研究所研究生

學歷:台灣大學社會系畢

任務：負責本書8、9章的初譯

● 江雅琪

現職：國北師院課程與教學研究所研究生

經歷：北市康得旅行社短期領隊
　　　行政院青輔會播種者三期
　　　台北縣新莊市昌平國小教師
　　　台北縣國教輔導團生活課程團員

學歷：新竹師範學院社教系畢
　　　國北師院課程與教學研究所研究生

任務：負責本書12、13、14、15章的初譯

目 錄

第二部分　活動設計

第三部分 教學團隊組成與功能

第四部分　評鑑與支持

第一部分　一般原則

chapter 1

什麼是協同教學

- 人才庫
- 同一個主題的變化
- 描述與界定
- 久遠的過去與遙遠的他鄉
- 昨日

一般原則

第一章
什麼是協同教學

教學不僅是師生間的互動而已，一定有某些內容在這個互動的過程中被教導、被學習，這些內容有的是知識、有的與價值有關、有的是技能，最好是三者皆囊括在內(Hyman, 1970,pp.10-17)[註1]。

教學超越了單純的制約，也不僅是機械式重複的訓練而已。制約和機械式訓練都不是以了解及鑑賞為目的。誠如Israel Scheffler對於教學所做的界定，他說：「教學是以學習的成就為目標，在運作上則必須尊重學生的智力及其獨立判斷的能力」(轉引自Hyman,1970 ,p.8)。

教學是一種過程，而學習是該過程所要達到的目標。在成功的教學裡，師生雙方都在進行學習。假如學習的成分不多，或在這一個互動過程中根本沒有學習發生，那麼這個教學就不是成功的。造成學習失敗的原因有很多，例如：

1. 教師對於教學所要涵蓋的內容感到困惑；
2. 教師在方法的選擇上不適切；
3. 學生不了解教師所使用的溝通媒介；

4. 學生因感覺枯躁、缺乏興趣、心理上的障礙和偏見，生理上的疲倦感、飢餓感和分心等而產生抗拒。

人才庫

專家們綜觀這些學習的問題，可以同時考量到學習的內容和方法、溝通和抵制。所有協同教學的參與者都能夠透過觀察別人來學習。在團體的支持下，觀念與技能的分享更讓資深者與資淺者都能同時獲得成長，一方面讓教學工作更具正向的意義 ，另一方面則降低威脅性。協同教學的背後假設是：全部的參與者共同工作，比參與者分別工作的整體貢獻來得大(Davis ,1966,p.2)。

協同教學並不是以微妙的方式來進行灌輸，或讓眾多權威說相同的事，藉以放大其聲音，壓倒學生或阻斷其不同的意見，因爲灌輸並不是眞正的教學(Hyman,1970,pp.5-6)。

教師們以共同的關切爲基礎，傳授課程的內涵：包括知識、價值、技能。他們試著帶領學生發掘現實的某些面向、了解關係的複雜性、鑑賞經驗的美妙，並以愉悅的態度努力獲得學習的技能。在這種種活動中，教師們展現了對學科眞理的尊敬，對學生及教師尊嚴的敬重。他們以自身所要傳達給學生的能力爲參考，來展現自己的教學，藉著師生互動的語言和行爲來形塑學生，這就是協同教學註2。

協同教學牽涉到一群教學者，以經常性、目的性，且合作的方式來工作，藉以幫助一群學生的學習。這一群的教學者共同規劃課程的目標，設計課程，準備個別教學計畫，並且實際共同教學、進行評量。他們分享意見、彼此論辯，甚至用挑戰學生的方式來決定哪一種取向是正確的。這種經驗非常刺激，且參與的每一個人都是贏家。

同一個主題的變化

在課程中使用協同教學並沒有固定的模式或樣板，有很多的因素會影響到協同教學所呈現的形式，例如這個教學團隊的組成專家是否擁有相同的學術背景？這個教學團隊中是否擁有可以協助處理視聽及多媒體等設施的技術人員？這個群體中的每一分子是否分擔等量的職責？此外，造成教學團隊差異的因素還包括：

1. 這個教學團隊的構成在族群、性別方面是否均衡？
2. 此團隊是個人導向、合作導向或權威者導向？
3. 課程的長度(一個學期或超過一個學期)。
4. 學生的特性：年齡、成熟度、動機、需求、興趣。
5. 教學使用單語言或多語言。
6. 班級的大小以及此班通常採用全班性的教學抑或小組的方式？

7. 教學的形態、取向以及使用的科技等。

後面的章節將會對這些差異進行更詳細的論述，目前爲止必須牢記在心的是：協同教學無法以一種相同的型態來適應所有不同的需求。不同的需求與不同的專業資源讓統一的協同取向成爲不可能，學生的來源、教育領導的品質、人力和物質資源的規畫、分配等，都會影響到任何一個特定學校所採用的協同教學。

描述與界定

「在協同教學的經驗中我曾經有過非常精彩、刺激的一次經歷。那一次我參與一個跨學門的教學小組，這個小組的協同教學是由國家人文捐贈單位所支持的，你可以在室內感受到通電的感覺」，「協同教學不但挑戰了我，也挑戰了我的學生」，「組內的成員們以創見拓展彼此的視野」，「因爲協同教學的經驗，我現在以完全不同的方式來進行教學，並把教室內的每一個成員都涵括進來」。以上這些都是教師們參與過協同教學後，喜歡協同教學的心聲。

在某些協同的安排中，一位教師只負責學期中一兩堂課的教學，其餘時間則較像是在扮演提供資源及顧問的角色，至於原來班級的授課教師可能參與也可能不參與這些課，如果因爲這樣而造成一系列實質上不夠統整的課程，則這種方式只能算沾到協同教學一點點的邊，但它不是這本書所要呈現的模式。

假如教師們沒有在課外討論共同的進程與評鑑，那也不是眞正的協同教學。

本書所指的協同教學是指教學團隊全部成員參與部分或所有的課堂教學，於其間進行觀察、互動、發問與學習等活動，並經常聚會藉以設定目標和策略。進一步來看，這樣的結構是達成目標的方法，誠如Dean和Witherspoon(1962)所堅持的：

「協同教學這個概念的重心，不在於結構和組織這些細節，重要的是合作進行規畫、持續性的協同、關係密切、不受限的溝通以及眞誠分享的精神，這些協同的教師成為單一且統整的群體，而非一群人一起講述，因此在計畫中不論分組方式或組的大小，重要的是蘊藏著彈性並賦予自由精神和調整活動的機會，以符合教育的需求。」（轉引自Bair&Woo-dward,1964,p.22）

該如何著手進行呢？兩位或兩位以上的教師不論有無教學助理，他們共同計畫、教學、評鑑一個或一個以上的班級，而且這種合作是在適切的教學空間與時間下進行，以充分展現不同成員的特殊能力。(Singer,1964,pp.13-22)

協同教學可以從兩位教師非正式合作來教導同一批學生開始，而後慢慢演化成結構性較強、在充足的人力協助、相關硬體及軟體支援完備，甚至在刻意為其設計的學校房舍內進行教學。協同教學最好從內部瞭解開始，由教師或學生個人的經驗著手，只有經由此方法才能去探索與感受其潛力(Chamberlin,1969,p.39)。

久遠的過去與遙遠的他鄉

協同教學並不是一種新的流行，它的存在已長達數千年。政治上的論辯、哲學的探討、陪審團的審議等，幾乎存在於所有的文化中，佛教僧尼們論辯佛陀的基本教義及教義在僧團生活中的運用等，這些都是成人教育的形式。

耶穌以成對的方式送出祂的門徒去宣揚教義，保羅（Paul）和巴拿巴（Barnabas）兩個人一起旅行、一起進行教導的工作。幾乎所有新約中的書信都有一位以上的作者，實際上它們是一群享有共同信仰的宣教士所撰寫的。

遠在基督教的年代之前，摩西（Moses）和亞倫（Aoron）就共同面對法老王。以色列的先知也經常以協同的方式來進行教學，以協同的方式在聖所或院宅中服事。撒母耳（Samuel）帶領一群的先知，以利沙（Elisha）和以利亞（Elijah）則共同領導一個先知所組成的團體。即便是個別的先知也往往有一些朋友來共同分擔神職，這些朋友就猶如教學助理一般協助蒐集先知說過的話和故事，他們共享道德上的理想與傳統。

這個現象並不限於古代的以色列地區，而是所有宗教共通的現象。因為神秘的經驗、夢境、異象而被神感召的教師們，在眾人面前分享他們在精神上的創見，有時候他們以單獨的方式分享，有時則在牧師、其它先知或朋友的陪伴下進行分享，這種現象在埃及、非洲、印度和中國皆然。

東西方皆重視智慧的傳承，從西方的伊索寓言到東方印度的吠陀和奧義書。在家族或部落中，老一輩長者的指導下，展開一種非正式的教學，年輕一輩透過見習的方式，學習求生的技能，例如打獵、蒐集植物、作戰、溝通與工具的製造等，在這種合作的環境下，充滿趣味但也具有危險。

比較正式的教學則在學校進行，通常是一群人聚集在寺廟、教堂或院宅裡，有時這種教學也以合作的型態出現，像印度婆羅門的精神導師們，共同教導年長的學生如何去教年紀比較小的學生。有的則是教師間彼此論辯，各提供不同的說法、禁戒，也分別給予不同的理由。門徒們在這種非結構的環境下可以向不同教師求教、學習，其實這也是協同教學的展現。中國學者可以向孔夫子的追隨者學習，也可以向老子或佛家的追隨者請益。在雅典，學生可以傾聽蘇格拉底的主張、柏拉圖的主張、也可以傾聽亞里斯多得的主張。在這種脈絡下，來自各方的建議並不是要去記誦它，而是要經過比較權衡後，放在心上並實際去實踐。

對話在形式上藉著生動的會話或文字上的書寫來呈現兩個不同的觀點，和協同教學已經非常接近。柏拉圖的對話錄其實是獨白喬裝的，它游走在諷刺的邊緣、荒謬及歸納式的發現之間。但是座談會上有識之士彼此間所做的意見交流，則確定是一種協同教學的形式，雖然它們未必具有嚴格的學術意涵。在美索布達米亞及其它各個比雅典還要古老的文化裡，它們的討論也都是開放而沒有預設的結論。

稍後，到了中世紀的歐洲，一些具有學者氣息的教師發展出一種具有高度紀律的對話形式，在該形式中相對的兩個觀點要同時被呈現與考量。當然這種形式也可能退化成形式上的辯論，一如西班牙的鬥牛和日本的歌劇從儀式淪爲文藝的娛樂。唯有處理得妥當，那觀念間的衝突可以激發出興趣、熱忱以及新的創見。長遠以來，論辯也是希伯來文化中傳統的學習方式。

有時候同一批學生會刻意地被安排接受不連續甚至互相衝突的教導，17世紀末，西班牙的神學家Gabriel Vazquez在Alcal 大學，以下面的方式來展開下午的課程，他問：「今天早上Francisco Suarez那個老頭子說了些什麼呢？」然後接下來他會花上一個下午的時間去駁斥他的對手。Gabriel Vazquez和Francisco Suarez屬於同一個教學團隊嗎？他們任教於同一所大學的同一個系，具有相同的信仰，擁有共同的教學目標，甚至使用相同的教學方法，二人皆爲耶穌會的門徒，但他們的教學內涵卻天差地別，學生們只能祈禱他們兩個人不會同時出現在同一場口試之中。當然這種形式的協同是有點兒怪異，但卻鼓勵了學生去思考、去做決定，而不是單純的記憶而已。

昨日

19世紀初，當英國人將工業革命的工廠模式運用到教育的領域時，在初等教育的階段，Andrew Bell和Joseph Lancaster訓練孩子去教孩子。雖然在當時被認爲相當的激進，但這種做法就印度而言則是已存在數千年的一種慣例。在小學階段這種暫時地傾向協同教學的做法很快就不見了，有趣的是反而在後來大學階段採取了這種做法，尤其是在自然科學實驗室裡。

演說的授課方式是19世紀歐洲與美國大學的主流，學生們被期待要詳實地記錄下教授口述的珍貴啓示，發問是不被允許的。唯有研究報告提供師生機會做批判性分析，並使之與想像力結合，學生們可能在課堂外進行爭論，教授間當然也會有不同的想法，但是在教室內能做的則是俘虜般地做筆記、溫順地同意與得體合禮的表現，考試的焦點在於課堂所詳述的內容。

大學裡的教師瞧不起師資培育機構，但是在師資培育機構裡至少鼓勵教授和學生針對學習歷程共同進行反省，以便在過程中進行相互的學習。因此，相較於大學裡的教學者而言，這些師資培育機構的畢業生，在中小學裡往往比較能夠進行有效的教學，而不似大學裡的教學者只研讀教學的藝術卻從不反省自己的教學。大學裡的教授被期待以過去被教的經驗來進行教學，好一點兒的不去模仿那些無聊枯躁的教師，有的則根本不知道可以擇其他變通的教學形態。

20世紀初，協同教學在中小學各種形態的成功試驗，經常伴隨著新的科技，例如：電影、錄影、電腦。對於這些熟悉協同教學潛能的學生，很自然地會期待在大學學院中找到類似的教法，因此改革的種子就在這樣的機緣下被散播出去。

同一時間，大學裡專業主義的意識也逐漸抬頭。美國大學教授協會提到共同致力於學術自由的理想，對於工作保障、薪水、福利等議題的關心促進大學中的工會，而學術社群以及學生的責任感也在增加之中，使得專業社群蓬勃的發展，教師們開始反問自己是否可以教得更成功些。美國實用主義的精神則鼓勵了教師們從事實驗、評估結果，然後再嘗試新的方法。於是任教於大學的教師也逐漸能夠傾聽同一個學系其它同仁的聲音，或是來自教育學院的講法。

最後這樣的趨勢造就兩項顯著的結果，第一，在大學任教的教師們，了解到自己的能力是很陜隘的，他們不能假裝自己什麼都懂；第二，通識教育的需求提昇想了解特定的事實放置在一般性的圖像中所顯現的意義。了解自己的限制後，在大學任教的教師們更能與校內外的專家進行分享，協同教學的年代也已經來臨了[註3]。

註腳

註1：

作者對於教育的意義提供了相當充分的討論。

註2：

有些作者比較喜歡使用同儕教導(peer coaching)，而不用協同教學這個術語。請參考Garmston(1987) Garmston, Linder and Whitaker (1993),Neubert and Bratton (1987), Showers (1982,1984), Showers and Joyce (1996).

註3：

有很多期刊處理了和協同教學有關的重要議題，例如：ADE Bulletin, Childhood Education, Clearing House, College Teaching, EDRS, Education Educational Leadership , ERIC, Journal of College Science Teaching, Journal of Educational Policy, Teaching Excellence, The Professor in the Classroom.

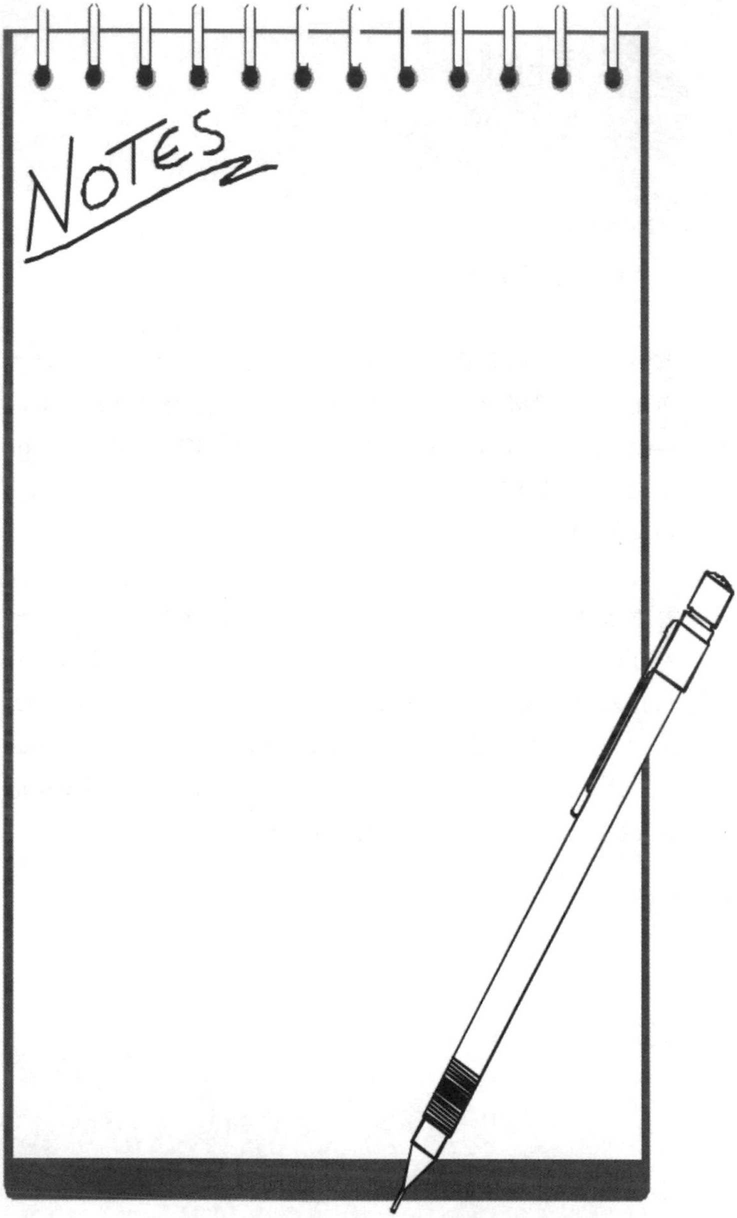
NOTES

chapter 2

為什麼進行協同教學

- 優勢與不利—對教師而言
- 優勢與不利—對學生而言
- 優勢與不利—對行政人員而言

一般原則

第二章
爲什麼進行協同教學

長久以來，單一的教師、單一的學科在一個自足的教室進行教學乃奠基在以下幾種迷思概念上：

1．所有的學生都以相同的速率學習。這從來都不是眞的，尤其非傳統的學生愈來愈多，這個假設越發顯現其錯誤，例如年紀比較大的學生學習速率就不同。同樣的，學生在文化背景及心智能力分布上，也有相當大的差異，當然在學習上也會表現不同。

2．同樣的課程內涵適用於所有的學生。是的，所有的學生都應該從他們文化裡的迷思概念中解放出來，但是達到這個目的的方式有很多種。此外，學生會因爲背景、人格特質以及未來的生涯規畫而有不同的興趣。大學的教育不僅僅是資訊的提供而已，價值、個人特質以及技能的形成也是教育的目標之一。這些目標最好能透過不同但又能彼此增強、相互滋養的教育經驗來達成。

3．相同的時間長度適用於所有的學習情境。自然科學在很久以前就以實驗室的課程呈現，因而遠離了上述的迷思，夜校以及週末上課的情形亦然。

另有一些語言及其他學習實驗室亦提供彈性的時間來配合學生的需求。

4. 最佳的班級規模是30人。多數大學會在講述式的課堂及影片觀賞的情境時，容許比較多的班級人數，而在討論的情境下則是較少的人數，通常會依照教學的種類及以學習的需求而調整。

5. 在自足的教室中可以提供足夠的學習機會。事實上，在許多領域裡現場實察、短期實習及服務學習等形式已經愈來愈普遍。所有的大學課程實際上均須依賴圖書館的資源，以及教學媒體，而電子郵件與網路的使用也不斷在成長中。

6. 最佳的方式是一個時間內只有一個教師教導一個學科，並使用讀－寫－回憶的教學方法。唉！一個教師四十年如一日，只使用一種教學法未免太不長進了。在一個穩定的文化中，單一的教師教導一個單一的學科是行得通的，可是今日的世界需要一點不一樣的東西，誠如Margaret Mead(1958)所說：

「我們所面對的不再只是由成熟、有經驗而年紀大的教師，將檢驗過的事實垂直傳遞給教室中年輕、沒有經驗而且比較不成熟的學生。

我們所需要的是引進另一個學習的面向：平行的傳輸。這一種平行的傳輸把新近的發現、發明、創造以及新的製造或市場成品等，傳送給社會上每一個敏感的成員。實際上，我們也正朝著這個方向移動。」(p.23.cf.pp.23-30)

當然，協同教學並不是萬靈丹，它需要縝密的計畫、有技巧的管理，願意冒風險去做改變、甚至願意承擔失敗的風險，此外，協同教學還需要謙卑、開放以及富有想像、創造的心態。但是協同教學的成果的確值得我們付出這麼多的心血。

優勢與不利—對教師而言

對教師而言，協同教學提供相當多的優勢：

1. 協同教學提昇學術與教學的品質，因爲來自相同領域或不同領域的專家，從各種不同的角度與專長來處理相同的主題，有的強調理論、有的從實務切入，有的看見過去、有的強調當下，而且他們具有不同的性別與族群背景。教師的長處在協同中被結合，而弱點也在協同教學中被補足，教師們的專長呈現互補的狀態。

2. 教師們共同合作來設定課程目標、設計課程大綱，一起準備及教學並進行評量。教師們分享創見，計畫新的目標，也共同挑戰先前的假定。這些增進了師生雙方的自律與成熟度。

3. 在觀看同事教學的歷程中，教師可以得到新的觀點及創見，而不同的觀點有助於發展出領域內或跨學門的新研究方向。

4. 協同教學的刺激與挑戰有助於預防或補救教師在教學生涯中發生的疲憊、厭煩等情形。無聊、枯躁、疲乏等狀況，經常因爲一而再、再而三的使用相同方法，教導相同科目而產生。在協同的安排下，教師可以免於一再對各班重覆相同的授課，全體學生可以集合起來，教授們可以輪流地分享他們的觀點，然後再將學生分成討論小組進行比較深入的分析與比較。

5. 藉著合併班級這種措施，教師們可以有更多的時間準備課程、提昇教學技巧、了解領域中最新發展趨勢，並且有更多時間和學生做個別式的接觸。

6. 因爲協同而增加計畫，使得課程更爲貼近目前的需求，更容易澄清每一課的目標，更有效運用課堂時間，繼而提昇教學品質。在一個協同教學團隊裡，教師可以重新思考他要教什麼？爲什麼要教這些？以及如何教得更好？講述、故事、影音資料以及展示都會比較清楚，學生也能保持高靈活度與接納度。這種比較不正式的氣氛有助於反省、吸收並使教室討論的焦點集中。

7. 在課堂呈現前，教師可以藉著共同做計畫來分享彼此的看法，並改善教材的呈現方式。此外，他們可以安排時間針對教育心理學、教學技巧和刺激性活動進行討論。

8. 教師希望教學更有效，也期待被新的教學取向所激發，協同的各個教師成員可以彼此鼓舞。

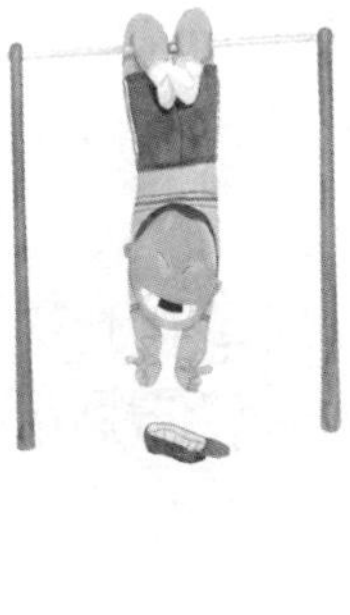

9. 表現比較差的教師，可以在一個不具威脅性、支持度高的環境下，接受觀察、批評繼而改善其教學。藉由協同教師團隊來進行自我評鑑的工作，比起單獨一位教師做自我評鑑，評鑑的觀點會來得均衡且深入一些。

10．協同教學成為教師在職訓練的一種方式，新進教師可以向有經驗的教師討教學習，因而能更快、更有效地進入狀況。

11．彈性增加。教師可以嘗試各種不同的教法、班級規模、分組方式和時間安排。專科教師、諮商人員和資源人士能做更有效的運用。

12．士氣是另一個重要因素，有一個協同的教師團隊可以依賴，顯著地降低了教師的負擔和壓力，當緊急狀況發生，例如視聽器材出問題或教師或學生臨時生病時，可由教學團隊中的一位教師來處理突發狀況，而不至於中斷教學。此外，多於一位以上的教師出現在班級中，也減少師生間因為人格特質而產生的問題。教師們在教學團隊的脈絡下被延展，因此可以發現並發展出新的才華，而共同做決定則增強教師的信心。當教師見到教與學的品質提昇，其自重感與愉悅感也會隨之增加，而這種種均有助於留下原有的教師及新教師的招募。

13．協同教學使教師間有機會形成及加深彼此的友誼，在課程計畫、教學、評鑑的過程中，可以看到同事間人格特質的不同面向，而這些往往是在系務會議或部門會議中被忽視的。

14．協同教學也提供師生間有機會形成及加深友誼，可透過各種的情境，例如教師可以在教室及辦公室內外，扮演教師及諮商者的角色。教師可以共同討論學生酗酒、施打毒品、健康、家庭等困境，並探討解決之道。對於這些學生問題及學生專長與志趣的了解，也會影響課程內容的選擇。

15. 運用在教育界的協同教學，在其它很多領域如工業、行銷、交通和娛樂界等，實際上已經被證明有相當的價值。以團隊方式工作，除了分擔責任外，還能激勵創造力並建造社群。

16. 很多大學、學院均嘗試過協同教學，他們證明協同教學是可行的(請見參考書目)。

17. 協同教學的組員成爲一個小團體，所有小團體間的動態互動等優點都可見於協同教學。

優勢與不利—對教師而言

對於教師而言，協同教學也有下面幾項不利之處，例如：

1. 可能的最大困境是同儕間的無法相容。有些教師比較嚴肅、有的只執著於一種教學法、有的教師就是不喜歡另一位教師、有的則是不願意分享那種被矚目的感受或是他得意的想法，或者不願意失去全盤控制的感覺(Casey,1964,p.177)。

2. 協同教學需要付出更多的時間與精力。例如協同的成員在設計課程、評鑑教學的時候就得找到共同的空檔，這是無法避免的不便之處。而且，討論是一種持續與同儕互動的歷程，它是相當令人筋疲力竭的，而小組共同作決定本來就比較慢。

3. 由於失敗的可能性，有些教師則不願意冒著被羞辱的風險。

4. 有的教師會擔心領相同的薪水卻必須做比較多的事情 。

5. 有些不在協同教學團隊的教師，會批評協同教學是在趕流行（其實它已經有3000年的歷史了），只是在宣傳自己的優秀，這些批評都會帶來受傷的感覺。

6. 有些家長與行政人員就是抗拒任何的改變。

優勢與不利：對學生而言

對學生而言，協同教學提供了以下的優勢：

1. 教師間觀點的衝突。節奏、聲音的改變，不同的風格和人格特質等都能引起刺激與興奮，繼而吸引學生的注意並消除無聊的感覺。

2. 學生從協同教學中發現學科間、教室與生活之間的相關性，而多樣化的作業則增強這種連結，學生並且能夠從中發展分析和綜合的技巧。

3. 在學生進行個別研究與班級討論前，以大團體講演的方式讓學生先獲得一個比較完整的圖像。同時在結束前也有一個評鑑性的總整理，給學生一個課程將結束的感覺(Casey, 1964,p.176)。

4. 進大學就讀一個很重要的原因就是要去接觸好的教師，去看他們、聽他們、觀察他們如何處理一個主題，他們問什麼問題、做什麼研究。而協同教學提供這樣的機會，並且允許你和他們對話。

5. 教師爲學生示範批判思考：教師們彼此論辯、不同意彼此的假設或結論、提出新的問題並指出後果。不同觀點的對照有助於學生更積極的參與及其獨立思維的發展，特別是教學團隊的教師，如果在性別、族群、文化、年紀的分布上比較均衡的話。協同教學對於年紀比較大的學生，或低度準備的學生而言特別有效，因爲它引發學生的興趣，並喚起學生自身的經驗，使教學超越單純的事實溝通。

6. 今日，教師可以位處不同的校區，但藉由雙向的視訊會議、衛星或網路來聯繫，遠距學習擴大師生組合的可能性。

7. 協同教學有助於消除少數人或權力邊緣的族群，被強迫加諸某些價值、觀念或心態的危險，不同背景的教師可以從文化的面向上豐富彼此，進而豐富學生的視野。

8. 在協同教學的脈絡下，師生雙方均在進行學習，傾聽的技巧提升，知識與生活相聯結，學校教育轉型成爲終生的學習。

9. 在協同教學的情境下，學生擁有相當多的機會進行比較。因此，他們逐漸能夠對自己、對其它學生及教師發展出比較正確的評鑑。

10. 動機比較強的學生會學到比較多的內涵，學生如果能夠看到、聽到或感覺到教的內容，或者讀它、寫它、討論它、讓它戲劇化並運用它，那麼學習後的保留就會增加。而協同教學有助於學習暨學習後的保留，因爲協同教學提

供比較大的彈性，所以學生可以進行比較多的獨立研究，更有效地運用圖書和視聽資源，參與更多有焦點的討論，並計畫更具有創意的回應(Arkin,1996; Wills, 1964)。

11. 協同教學有助於學生鎮定地在不同大小的團體前表達他們的想法，也因爲有機會和更多人交換觀念，故有助於學生討論技巧的發展，這些都能進一步增進學生在教室情境外的溝通能力。

12. 因爲多位教師以教學團隊的方式協調運作，所以學生的作業、課堂報告、測驗等的安排，在時間上會比較合理　，而不會全部都擠在某一個時段，例如一天有四項作業要繳交。

13. 因爲有一位以上的教師，所以能減少師生間因爲人格特質的衝突而產生的問題。藉由教學團隊這個途徑，被認爲能夠提供比較多的支持，而又是較個人取向的，有助於打擊疏離。

14. 因爲有多位教師，使得小團體的討論成爲可能。協同教學的情境有助於傾聽、訴說等積極的參與。相較於大團體，學生們能比較深入去瞭解及欣賞彼此與教師，因而大多數的學生偏愛小團體。

15. 在協同教學下，師生雙方皆能學習良好，因此提高了學生的滿意度，也增加其他學生的參與度。觀看教師以團隊的形式工作，也帶動學生形成工作與社會團體，進而增強自我評價，不但現有的學生都熱愛，連其他的學生也想加入。（請參閱“LaFauci & Richter, 1970, pp.65-70, who include

several insightful student comments）.

另一方面，協同教學對某些學生來說，也可能有些負面的影響：

1. 過於多樣化反而阻礙習慣的養成。
2. 有些學生在強調重覆性、高結構化的環境下，學習效果較佳。
3. 有些學生會對於衝突的意見感到困惑。
4. 課堂的準備比較吃力。
5. 在課堂上需要主動積極的參與而非僅是被動聽講。

優勢與不利：對行政人員而言

對行政人員而言，協同教學的優勢如下列幾項：

1. 行事曆安排可簡化。學生和教師以團隊而非班級來分配。
2. 評量可以獲得改善，因爲教師由互動中得到新的洞見。
3. 教室安排改善後，設備可獲得較佳的運用。
4. 教師們結合優點並削弱不足，教學與學習都改善了。
5. 新進教師能更快及更有效地進入狀況。
6. 教學團隊的形成是給新進或經驗豐富教師的一種在職訓練。

7. 互相交流可以刺激學術研究。
8. 良好的學習是指快樂的學生和教師，因而教師與學生人數不會流

出，只會流入。

9. 教學團隊減低因教師缺席造成的負面影響。

10. 一位以上的教師能減少因師生間人格特質產生的問題。

協同教學同時也有一些不利行政之處：

1. 在最初，如同其他改變，總是需要投入大量的時間，要將教室空間盡可能做最有效的安排，要討論團隊工作的移轉，要考量可能會伴隨而來的人際問題與壓力，這些所需的工時，和之前行政人員花在與教師溝通上的時間並沒有顯著不同。

2. 必須因應預見的費用而調整預算：爲了有足夠的教室、教學媒體設施、視訊工具，他們必須考量協同教學成員的薪水是否要調整，以反映出增加的工作份量，尤其團隊的領導者可能會需要額外津貼提高的薪水與津貼可以擴大班級規模的形式來彌補。行政人員可以雇用非專業人士，來負責目前教師所從事的非教學工作，例如點名、監考、播放電影和錄影帶、收集與發還報告、批改選擇題測驗、分發供應品、幫忙教室整潔維護、協助實驗室和校外教學，以及處理行政文書工作。（Hanslovsky, Moyer, & Wagner, 1969）

3. 協同教學的意願和能力是考慮雇用新教師及原教師留任的另外一項因素。當協同團隊中的一個成員如退休或離職時 ，要找到合適的人來替代會比較困難。

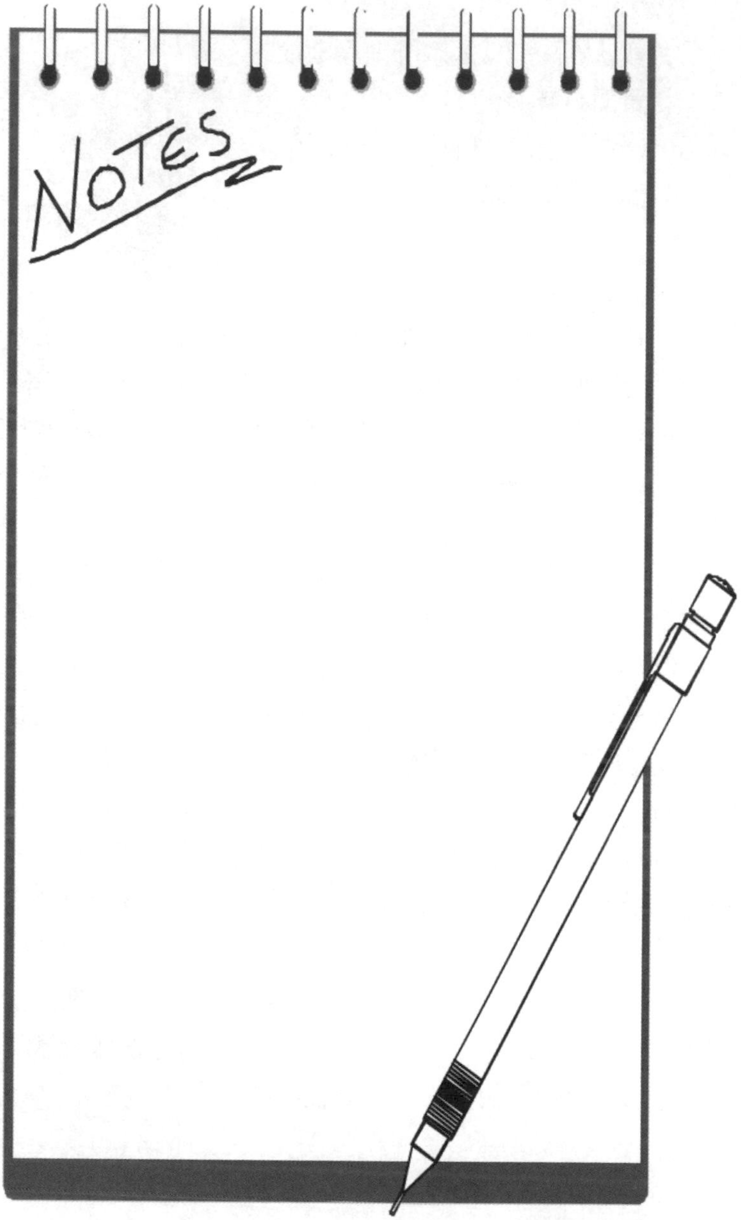
NOTES

第二部分　活動設計

chapter 3

如何設計協同教學計畫

- 預備步驟
- 進行協同教學

活動設計

第三章

如何設計協同教學計畫

即使是最簡單的協同教學形式，也能夠在計畫中獲得一些益處。假設兩位教師針對相同的課程一起討論教學目標、教學大綱和教材內容，但仍各自回到自己班上指導與評量學生，其實這樣的方式已經具備一些溝通與合作形式，只是缺少彼此的協力執行。協同教師為了改善教學結果，不一定要格外相容，只要願意傾聽和分享彼此的觀念即可。他們不需要透過任何人的允許就可以從事這種小型的共同合作，這仍屬於相當非正式的形式。

另一種形式則是由些許教師及教學助理等組成教學團隊，共同討論並對所有課程的目標與目的取得一致的意見，當其中一位教師對一群學生授課時，其他成員也加入其中，負責擔任分組討論或研究，用相同的評分方式，並定期調整教學過程。在協同的工作中一致性與信任更顯重要，同時要能給予及接受具有建設性的批評。這種更進一步的協同形式將會影響行政的結構、預算、班級課表甚至是整個學校。

預備步驟

在詳細計畫前，必須做些準備工作，而這工作可仰賴教職員或行政人員。把優先目標放在「爲了達到目標而去找尋更好的途徑之上」，就這一點而言，教育人員可以從企業界那裡得到許多學習，但是否做得到，要看制度中的主流文化而定。端視一它看重的是品質抑或是革新一因爲課程會議通常是保守及充滿抗拒的，改變愈大，抗拒愈大。唯有透過教職員之間的會議，提供機會鼓勵創造性的批判和合作的空間，一點一滴地來塑造一種熱衷於改變的氣候（Johns,1964）。其步驟將以下列幾點說明：

1. 檢視學校任務、目標與所有的教育政策，來決定協同教學應如何相互協調，以及如何能促進這些任務和目標的達成。

2. 查看協同教學是否在某些系所已有成功的案例。追蹤自己學校的記錄是很重要的，因爲這會引起學校中有影響力的教職人員和行政人員表示抗拒或支持。

3. 研究各項影響協同教學的因素。參觀其他已有協同教學成功案例的系所或學校，並錄成錄影帶，藉由觀看錄影帶以了解他們做過那些事情，而能夠在自己學校中引發一些新的觀念和各式各樣的見解，進而去做嘗試。寫下評論使自己覺察力更爲敏銳，諮詢也是有助益的。

4. 讓全體教職員進行投票，來決定他們是否願意嘗試的興趣。邀請他

們參與，則教師比較會有意願嘗試，若硬是強迫他們反而會造成反效果。

5. 從理論到實踐。決定主題是什麼，由誰來教學。鼓勵自願者去熟悉協同教學的基本原理原則，並且給予這些自願者時間與機會學習新的技巧。

6. 對於自願者中會影響協同教學的個人特質要具備先見之明。因為相互包容是最必要的，如果有疑慮，則可以從具有相同教育理念或較善於溝通的教師先開始。

7. 在上述的基礎上發展一個具有預備性質的工作坊，回應這些協同教師的疑問，尤其在嘗試努力的過程中所引起的疑問。給予小組充裕的時間討論，使恐懼與不安的感覺得以發聲並獲得回應。此外，也要突顯教職員與學生所期望的改進之處。

8. 決定何種領導方式是讓大家感覺最舒服和最有效率的，是階級式還是合作式。如果是階級式，就要決定要如何選出領導者。若任由隱藏的假定運作，包括對於教學團隊中有關人際動力的假定，以及對於教學團隊成員、領導者、教師和學生們的各種期望，則整個計畫將會被破壞，也會使大家感到挫折。

9. 訂出教學團隊開會的時間和地點。首先教學團隊要先在結果及策略上取得一致的意見，進而發展教材，並準備不同的呈現方式，這些都要花時間的。

10. 決定所需及可得的人事協助、器材、空間或設備。

11. 循序漸進地進行。當你擁有熱誠且小心的計畫後，各種協助與支持便會伴隨而來。（Chamberlin,1969; Davis,1966）。

進行協同教學計畫

協同教學的實施計畫牽涉到以下步驟：

1. 確認所有基本的預期成果，並定出優先次序。

在大學階段，教師必須對全部課程大綱及每一單元課程進行討論並設定認知、情意與行爲目標。藉由這個計畫，到底教學團隊的成員要學生知道什麼？感覺什麼和做什麼？在這些課程中，學生要習得什麼資訊、價值與技能？學生對什麼感到興趣？如果協同教學是在同一科系施行，那麼所有的成員應共享決定，如此一來他們對這些課程才會有歸屬感，不會覺得這些課程與他們無關而成爲脫離的一群。如果教學團隊是跨學科的，則不同科系所關心的部分也應被諮詢並保持聯繫。

2. 指出其它想要達成但非最基本的預期成果，並定出優先次序。本書第二章，已從教師、學生、行政人員的觀點做出許多有關的討論，但並非詳盡無遺，因爲各個課程設計與大綱都有它的獨特性。

3. 腦力激盪出所有可能的策略。試著用不同的方式去檢視課程，以刺激一些創意性想法的途徑：

（1）一般的課程主題應該以歷史的方式說明嗎？哪一方面應優先探討，是這個主題的過去、現在還是未來？

（2）要從最簡單的還是最難的教材開始？

（3）這些結果是由什麼樣的論點所決定？是由正面的、對立的或是調合的論點呢？能夠藉由課堂討論中所獲得的回饋加以改變嗎？

（4）這些主題的安排是演繹還是歸納的方式呢？從原則到應用，或是從經驗的累積而後形成原則嗎？

（5）我們應多注意大的圖像或是小的細節呢？

（6）如果採行的課程是多學科的，是否所有的相關領域都能夠呈現呢？有些最基本的觀點會被忽略嗎？每一領域中的假定、目的、觀點和方法要探索到多深的程度呢？

（7）領域中每一個環節是否如生態系統一樣相互連繫，或者像同一條街上比鄰而居的鄰居一樣，是人性化的還是機械式的？是合作的還是競爭的？

（8）如果課程像一首交響樂，是強調和諧的還是著重不和諧的部分？是否有空間可提供如爵士樂一般的即興發揮？

（9）在課堂外，學生可以學到多少？在課堂中能達成什麼樣的最佳學習？

（10）在課堂中每一段落可以採用什麼教學方法？講演式、互動式、討論式、猜謎、測驗、個案研究、反省報告、研究報告或戲劇？

（11）教師如何控制上課進度與節奏？

（12）基於什麼理由，誰可優先休息?

（13）如果有人生病或有急事，課程要如何處理？

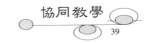

4．蒐集資訊，以便掌握促進或阻礙上述策略的因素。

（1）環境因素：考慮課程進行所需時間、方針規畫、教室規模、地點和佈置、器材、燈光、聲音和有關學生行爲、工作流程及紀錄的學校政策等。

（2）個人因素：發揮團體中每個成員的長處，有些成員喜歡獨自工作，有些成員喜歡群體工作；有些人喜歡遵循一定的程序並注意到每一細節；有些成員熱衷成爲注目的焦點；有些人則寧願從事幕後工作；有些人喜歡領導，而有些人則喜歡做跟隨者。此外還包括年齡、性別、文化、專長能力或學生的經驗，這些因素是否幫助或阻礙預設目標的達成？教師如何能轉化這些差異性以豐富教學團隊的經驗。

5．評估所提出的策略，從基本面、理想面和上述提到的因素來衡量這些策略是否適當。

（1）選擇最符合規準的策略，排除不符合必要條件的所有提議，去除不符期望目標的策略。

（2）排除具有負面影響力的策略，並記取前人教訓以防患未然。

6．發展行動計畫。個人工作職掌是什麼？何時發展？如何去做？每一成員都要清楚知道他們期待的是什麼，以便公平地分配共同的負擔，目的與方法愈一致，衝突愈少。

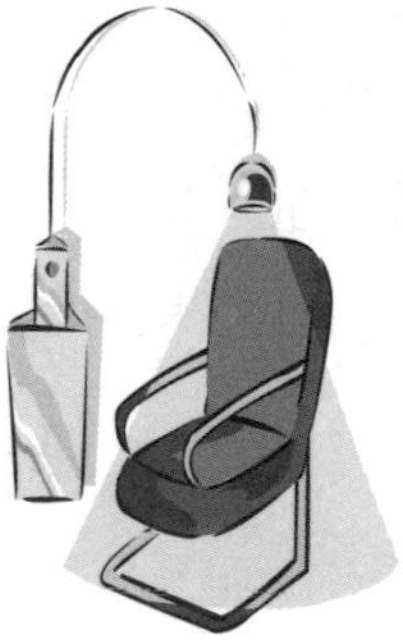

7．計畫評鑑步驟。（細節請見第十二章）

（1）需要什麼資訊，如何蒐集？何時蒐集？

（2）誰負責寫一份初步的評估報告？何時撰寫？

（3）學校、計畫和課程學習目標間契合嗎？如何契合？是什麼原因得以契合？如何監督？

（4）教師間要如何溝通及合作良好呢？

（5）教師的才能與興趣能有效地被利用嗎？

（6）課程有依規畫的進度進行嗎？還是進度落後？爲何？

（7）學生們有特殊的問題嗎？

8. 實施計畫。

9. 評量結果並進行再修正。要週期性、規律地促進創造力、合作及健康的自我批判和自信。協同教學團隊成員將感到彼此緊密相連，肩並肩、充滿朝氣，且相互的責任感得以成長。

10. 通知學校行政人員目前的進展。事先想好要讓他們知道什麼，他們可以提供決定性的計畫表、器材或設施，而對於預見問題及解決個人問題，他們也會很有幫助的。

11. 鼓勵團體內成員的溝通。

（1）清楚界定並寫下每個成員的責任。

（2）提供成員表達觀念和需求的機會。

（3）所有會議在開會時有書面的會議議程。

（4）所有會議要有書面的會議記錄，包括會議所做的決定（Chamberlin,1969,p.49）。

以上這些原則並不能保證協同教學的成功，但它們的確可以減少失敗的風險。

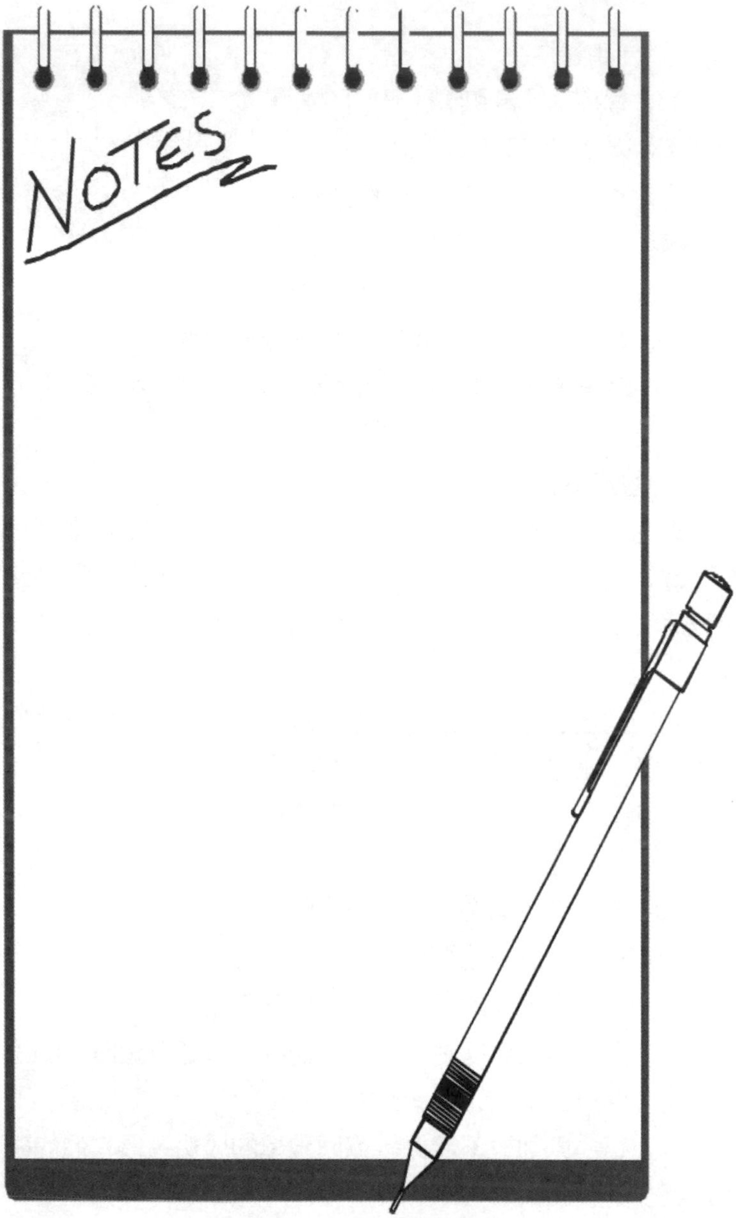
NOTES

chapter 4

對學生最適合的方法

- 影響學習的學生特質
- 大班群的協同教學
- 小班群的協同教學
- 班級外的協同教學
- 紀律

第四章 對學生最適合的方法

影響學習的學生特質

好的教學是以學生爲中心，教育最重要的就是幫助學生學習，其過程中所做的一切事也都是爲了達成此目的。例如：課程、行政人員及組織、教學的人員及方法、學校建築設計和課外活動等，這些聽起來容易但事實上相當複雜。許多影響學生的因素都應列入考慮。

年齡層

年長的學生有較多的經驗，自然會對授課內容較有批評。他們在情緒上表現的愈成熟，愈會認眞的準備要上的課程。他們爲了受教育而付出代價，因爲他們通常少有獎學金，並犧牲時間，遠離家人及工作，他們投資自己並期望有更多回報，例如獲得較好的授課內容及班級討論。成人學習者通常感興趣的焦點在於「爲什麼」及「 如何」而非「什麼」。他

們想要了解教材對他們現在和未來生活的相關性。他們高度地肯定協同教學，因爲這種方法是成人在工作中學習常常採用的方式。

文化背景

有些不同文化下的學生，一直被教導向教師請教問題是沒有禮貌的行爲，即使他們不了解教師所說的內容；上課做筆記被認爲是侮辱教師，就好像在暗示教師授課內容是不清楚或難以記憶，因此對這些學生而言，協同教學是非常寶貴的，因爲協同教學中教師間的不同意見是完全可以接受的，而且可以要求更清楚的說明。

有些學生則少有自制力，隨時準備挑戰一切事務般，不斷地中斷講課，常常引起其他學生反感，這些學生可以從協同教學中，學習到如何投入學術討論，以能促進全體學生的學習，而不是一味地在引起別人的注意。

有些學生希望在沒有任何課前準備下，直接在課堂上對話，對他們而言，課堂是分享一些愚昧無知想法的好時機，而教師可以形塑這種學術論述的模範。也有些學生仍具有文化優越感，宛如他們的文化足以解答所有人類的問題。他們必須學習如何打開心胸去傾聽，並從其他人的經驗和才能中來學習。

學習潛能

每個學生的智商和注意力皆不同，處理抽象概念及音樂藝術的能力也不一

樣。在教學團隊中，有可能某位教師和學生們相處融洽，換成其他教師時，則無法有效地達到此和諧狀態。因此透過協同教學可以用來發現每個學生的學習潛能，包括優秀的學生、邊緣學生和相對上能力有限的學生(Chamberlin ,1969, p12 ；Kruger, Struzziero, Watts, & Vacca, 1995；LaFauci & Richter, 1970, p.2)。

學習技巧

學生必須要發展學習、閱讀、作筆記、研究及評論論述的能力。就遠距學習而言，學生要能夠使用電腦，收發電子郵件及通曉網際網路。

心理準備度

並非在教室裡的每位學生均樂意提出他們的假設、問題、甚至因被批評而感受被撕裂的痛苦。一些因素會使他們侷促不安，例如：童年及家庭的經驗、先前權威式的學校教育，不允許獨立的思考、擔心所愛的人的健康、失戀等。他們會因先前的失敗而自信心低落或自我懷疑，他們可能正在經歷個人危機，因此需要更多的注意及諮商，這不是單一的教師所能給予。

動機

大學生常常只爲了要服從學校規定而修課但討厭待在那兒，他們寧願去其他地方做其他的事，因此教師必須要得到他們的注意力並加以維持，發揮魅力吸引他們，以爭議性的論題來激發興趣，以刺激他們學習的胃口。透過協同教學至少可以引發他們詢問，「爲什麼有才智的人想要研究這個領域？」較多的教師可以增進達到學生眞正需求及興趣的可能性。

態度

態度會受許多事情影響：過於無聊或活動過度、心理障礙或偏見、受外界噪音、天氣、時辰及內在的健康、心理疲憊、飢餓、殘障、恐懼電腦而無法專心或受同儕、父母及工作的壓力等。如果教學中有多位教師，則可提高有效處理這些學習的內在及外在障礙以幫助學習者的可能性。

大班群的協同教學

協同教學可以變化班級的大小來解決上述的議題。在大班群中可以講述、論辯及小組形式授課，資訊可以很快地被分享，因爲內容是固定的，教師可以有效地組合影片、實物示範、錄影機、教育節目、益智遊戲及

測驗等。

教師傾向在大班群上課前將授課內容準備的更加周全，特別是參與者中有同事時。他們可能利用投影片、幻燈片、錄影機、黑板和電腦繪圖等訴諸視覺及聽覺效果，這些方法不但活潑也容易重複強化最重要的內容(David, 1966, pp. 44-48)。

協同教學也可發揮專業及教學風格。教師們和學生相互學習及成長。教師發展出新的教科書或教學錄影帶，例如：英國空中大學的協同教學教師，設計出可供班級在不同場所使用的錄影帶。

講演能提供基本的方向，引起動機和具豐富性，因爲紮實、有條理的概念組織，使許多的內容可以在短時間內呈現。教師可以強調學科領域間的內在關係或應用於生活上的概念。好的講演可使用實物、演示和影片剪接，來激發想像力、好奇心及激勵探究。學生也可學習如何作筆記及寫大綱，以瞭解結構進而幫助他們組織概念，因爲這點非常重要，教師應定期檢核學生作筆記和寫大綱的能力。

上述講演的好處即便不是用在協同教學的脈絡中，也都是眞實的。在一些學院中，僅由教學團隊中最具資格的一位教師，對大班群的學生做講述的教學呈現，學生知道他們期待的是什麼：講演、測驗、或播放影片，他們會全心全意地傾聽，而其他教師可參與或不參與。

另一方面，如果由多位教師來講演則可以活化教學。取代學生被動的學習，教師們相互中斷彼此的談話，訴諸學生的經驗，以確認並質疑彼此假設等，以一般學術討論的模式邀請學生主動積極的進入對話中。他們會去挑戰學生筆記的正確性及關聯性。在這樣的情境下，講演的內容不可能維持固定，教師和學生必須相互地適應，甚至遠距的學生使用視訊同步雙向教學時也是一樣的情形。

講演的主要目的是希望由訊息給予轉移到從事高層次的心智技能。事實的學習是透過閱讀論文或書籍，或從網路下載資料。上課時間則用於重要的議題上，像是詳查、檢視大量的事實以質疑其有效性、可信度和相關性等。

蘇格拉底的詰問法讓學習者由被動改爲主動，鼓勵獨立思考，但會花費許多時間。另一方面，教師發現在大班群中引導問題比在小班群容易，因爲好的詰問技巧通常是小組討論時學生領導者無法實踐的(Hyman, 1970, p.77)。在講演後，應留機會讓大班群討論，並避免僅有少數學生參與或回答所有的問題，對大班群的協同教學來說，敏捷是最基本的，遲到的人會對整個群體帶來不便。

小班群的協同教學

在一般的教學或測驗後，可將大班群分成小組，教師團隊中的每一位教師則擔任小組的領導者。每個小組都需要小的教室，同時必須規畫良好，大講演廳可用於不同的班級，例如：修

A課程的學生，星期一在A廳上課，而星期三在W、X、Y、Z教室；修B課程的學生，星期一在W、X、Y、Z教室而星期三在A廳上課，以可移動的椅子和適當的音量讓數個小班群得以在同時間內進行教學，就像是餐廳裡不同桌的對話，其音量的大小只有同組的學生聽得到。

討論、個案研究、辯論、小組討論、經驗分享等策略在小班群較有效。透過遊戲、戲劇、角色扮演可以吸引學生視覺及聽覺的注意，學生會更主動地參與分析、評估、綜合等重要技能的學習，因此議題的情意面向不但被感受到也被明確地探究。在小班群中成員會尊重學習中呈現的材料，學生可以從協同成員中學到如何學習，在不經意的過程中得到多文化、多語言的薰陶及社群感的強化，這種學習脈絡提昇了引導性學習，鼓勵反思經驗，可以使學生做更好的發現和欣賞。

討論可以讓學生澄清自己的概念、思慮，檢視自己是否瞭解授課內容，思考視爲理所當然的假設及未預想到的結果。在過程中，學生改善了腦力激盪及溝通技巧，並解決問題和加強人際關係，同儕的壓力通常會促使學生認眞參與，尤其是付了學費的學生，雖然有壓力，但學生還是會欣然接受，並願意稱讚那些對協同教學有具體貢獻的人，凡此種種皆鼓勵他們要盡力做好。

教學現場的教師們可以評估學生是否瞭解課程內容，及發現有待澄清的部分，他們可注意學生對學科正面及負面的態度，每個學生處理資料及分析問題的能力，評鑑自己教學的效率，及學習如何改進或修正其大班群的教學方法。

教學團隊的教師必須發展帶領有效討論的技巧，包括設計誘答問題，讓學生回答彼此的問題，而不是等待教師提供答案，而且要避免一些能言善道的同學支配整個對話的進行。教師要建立開放和相互尊重的學習環境，使學生在分享及批評一些想法時感覺舒服。

如果在小班群中出現一位以上的教師，則更能促進協同教學，使整個教學團隊的成員參與討論。教學團隊中的一位教師可以擔任小組的領導者，專注在內容上，其他的教師則可關注過程，確認沒有學生被忽略，有時可以加強少數人的意見，以達到互補的效果。通常團隊成員會在教學進行時遊走，確信討論或方案進行順利再進行下一個步驟，在這個情形下，教師會指定學生，或由每個小組自由選擇一個領導者。

學生做領導者應該要接受一些訓練，學習如何在討論中有禮貌的維持秩序，允許少數意見的聲音，在指定的時間內保持討論的主題等。教學團隊應該提供大班群所使用的問題給學生領導者以促進討論。

小組中要有一位學生擔任記錄，以口頭或書面的方式準備摘要，讓教師可以了解討論的進展以及進一步的發展。另有一位學生可擔任觀察員，專注於討論的過程而非內容，注意問題的有效性，爲什麼及如何能成功地引起積極討論，而且如何被評論。再另一個學生可以記下學科領域的銜接，並指出應用在生活的顯著性。

此外，在小班群中輪流擔任職務，可

以開發學生的潛能，而且能夠欣賞其他同學的才能。這種方式可以鼓勵學生互動、建立社群、刺激學習。

學生要如何被分派到這類的討論團體呢？教師可以使用不同的方式，有的教師較喜歡每個小組中有不同的年齡及文化，有的較喜歡具同質性的小組，有的希望在中間休息時輪換不同的小組成員，完全看學生由討論中得到什麼成果：興趣、相互欣賞、課程資訊和學生技能，教學團隊的成員通常想要許多不同的學習成果。

協同教學非常強調學生能主動參與，以及小團體的互動過程。有些學生可能將會面臨上述問題，爲了先發制人，有些學院發現，在註冊時提供教學資料內容，描述該門課的期望是什麼，可以減少學生的疑惑，學生也可以問有經驗者，該課程的實際運作。在學期當中讓學生能利用教師的辦公時間，諮詢心中的一些問題，對於在上課之外，有助於學生和教師相互合作及尊重氣氛的建立。

班級外的協同教學

在教室之外，則將主動權留給學生。例如，在圖書館裡研究時、上網時、在操場時、在語言或科學實驗室時、或使用電腦輔助規劃教學時。教學團隊可鼓勵學生使用電子郵件或個別會面，和工作夥伴們一起從事口頭或小組書面的方案、研究及報告[註1]。

班級以外的協同教學，有助於學生未來在軍隊、企業、藝術和學術等各領域中的發展，教育的最終目標就是教導學生如何學習，讓他們可以終身學習。

實地考察可以使大團體的活動更容易與小團體產生互動，有許多是依賴當地易取用的資源，例如，博物館、音樂會、歌劇、宗教或公民的節慶、公園、海灘、歷史古蹟、野生動物保護區。當社會技能增加時便可以蒐集到資訊，教學團隊必須讓學生在事前準備，並告知他們該尋找什麼及如何撰寫書面報告。

紀律

紀律問題的來源

在進行協同教學的計畫、實施及評鑑時，往往會忽略紀律的因素。這裡提出幾項紀律問題來源：

1. 學校、教師與學生間目標的衝突

大學的宗旨通常是提出預期學生要達到認知、情意、行爲的學習成果，這些目標是要讓學生去了解、感覺及實踐。博雅的教育應該是從未經驗証的假設及壓力中獲得解放，也要使學生熟悉文化或次文化以及它的形式和價值。

教學團隊中的教師可能認同或不認同學校設定的目標，因而可能會列出與行政部門或甚至全體教職員所設定非常不一致的目標。而他們之間對於學生要學什麼的意見也不盡相同，有可能是重要事實的訊息、學科的特定技能、批判思考或自我表達。

學生本身也各自有不同的目標：學科的作業越少越好，分數越高越好、找到一份工作、交朋友、發掘自己的認同感或是滿足好奇心。有一些學生不喜歡將社會中的意識型態強加在身上，有些學生保持自由開放的態度，有些則是保守的。

2. 社群影響

學生生活在社團、幫派、俱樂部、黨派等如此多元團體的重疊處，這些團體是依年齡、興趣、流行的衣著、音樂、政治、家庭和文化背景來決定，這些團體對於重要的學習內容和方式可能就有認知上的衝突。有些團體鼓勵開放自我表達和主動參與班級討論和活動，有些團體則完全禁止；有些鼓勵創意的激發，有些是壓制；有些強調自我克制，有些則會施予團體的壓力。在團體中，工作、社會及性別的關係和地位，通常會在成員間移轉，教師應該要了解學生團體的動態，並保持變通性，教學團隊要盡可能獲得個別學生及其團體的認同，以強化班級的目標。

3. 個別差異

學生的需求、興趣、動機、情緒、溝通技巧皆不同。有些人以優異的學習成績引起注意，有些則以低落的學習成就來尋求注意；有些人擅於言辭表達，有些人則以保持沈默來引起注意。協同教學最大的優點就是，不同個性的教師會吸引不同的學生，利用這些自然而然的吸引力，可以找出害羞及不善表達的學生，改變他們，使他們全心投入班級內外的學習歷程中。

4. 個人問題

教師應敏於察覺學生在學習上的困難，例如，閱讀困難、注意力不集中、聽覺障礙。然而不適當的飲食、濫用心理或物理藥物或睡眠不足，這些則是教師較難察覺的，但好的教師應該要對這些情況的徵兆有所警覺，以便能私底下找學生談話，或將他們轉介專業的輔導員。

紀律處理技巧

首先，學生「自我控制」和「自我指導」的技能發展較慢，需要很多的鼓勵，教師可以強調和建立學生團體的價值感，來幫助學生發展這兩種技能，也可激發學生對學科的熱誠，藉由經驗來學習可以預知且避免危險的情況。此外，可以用一些技巧性的問題來吸引並維持注意力，善用視訊器材，則可減少不專心的情形，因為學生的注意力有限，仔細規畫上課的每分鐘，並以不同的活動來避免學生產生厭倦及不安的心情。教學團隊的教師應謙恭地對待彼此，並和學生保持良好關係，如此一來就可以形塑出他們所希望的行為模式。

和學生討論課堂期望背後的眞正原因：在討論答案前，為什麼每個人必須要能夠複誦及重新詮釋自己的陳述或問題？為什麼正式的論文比起非正式的報告，要符合更高標準的拼字及文法？為什麼在上課前要作背景閱讀？學生拋給教師這些疑問，他們也期望教師給予合理且一致的答案。教學團隊的教師可以定期檢視學生所屬的團體，看他們是如何處理紀律問題。不同教師要負責和有學習困難的學生接觸並給予幫助。

令人驚訝的是紀律問題在大班群中較少發生，可能是因爲在教室中有較多的教師，或者是被某種「心向」所影響。他們可以很快地學習到在課堂中應有的行爲模式，專心學習且不容易分心(Davis, 1966; Tomchek, 1964)。

註腳

註1：

Syllabus Technological Horizons in Education, and Imaging frequently have useful articles on teaching in the Information Age.

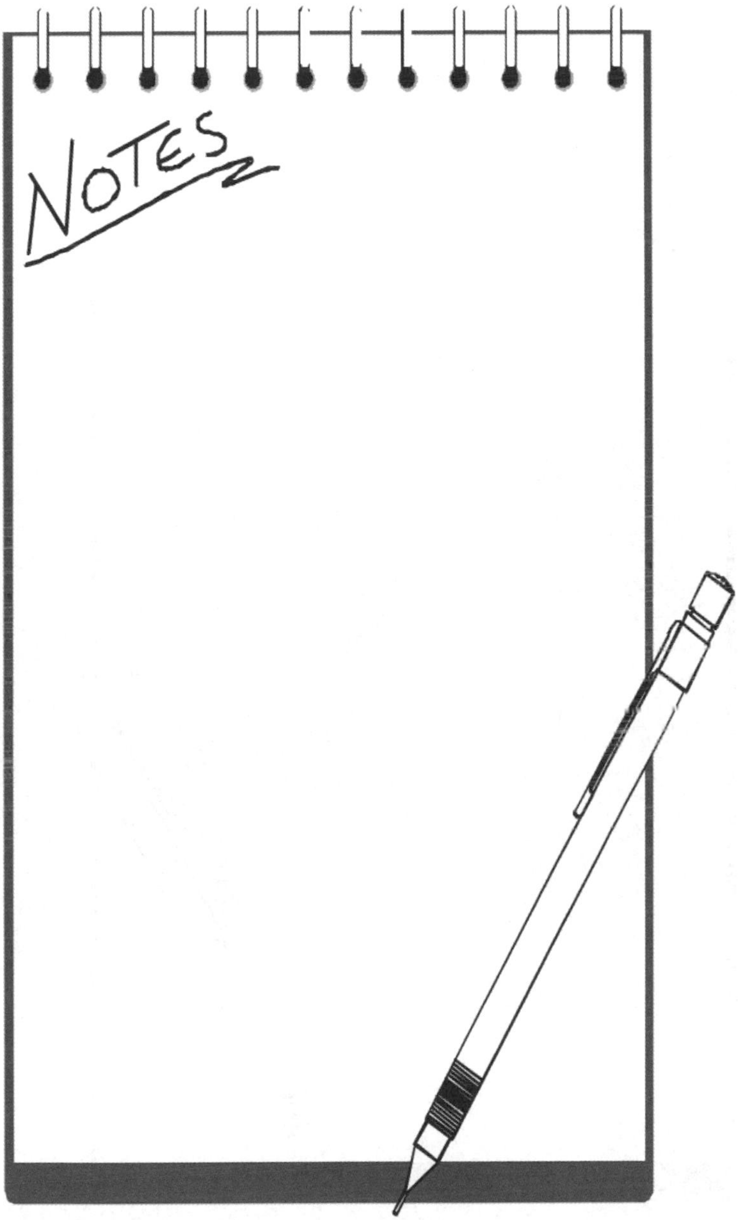
NOTES

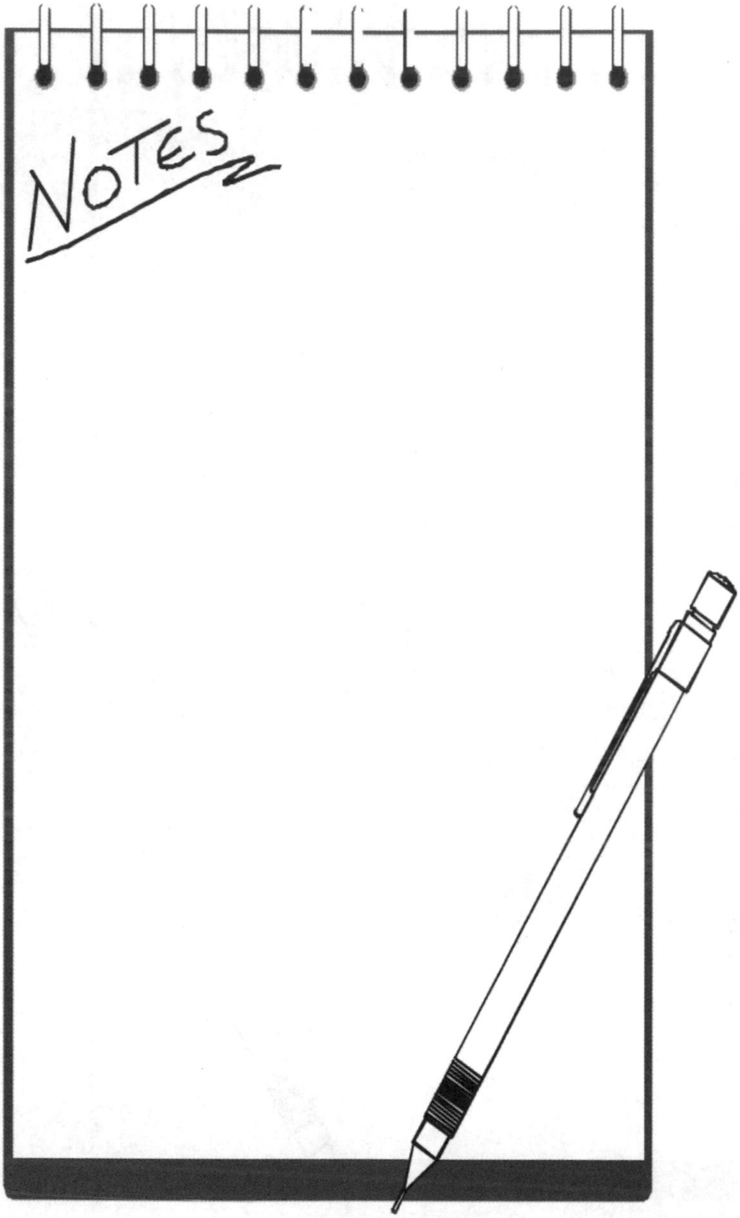
NOTES

chapter 5

教學團隊的選擇與組成

- 教學團隊的選擇
- 必要條件
- 開始進行

活動設計

第五章
教學團隊的選擇與組成

教學團隊的選擇

有關教學團隊教師的選擇與組成，行政人員、教師和學生均能表達其合理的關心。以下是關於教學團隊的組成要考慮的一些問題：

行政人員擔心經費預算，教師則擔心工作負荷和教學品質的問題。專任的教師是否能承擔與同事們準備教學時所造成的額外壓力？是否期望他們教學工作的負荷能減少呢？如果是的話，誰能夠替代或幫助他們呢？

教室有多大呢？二倍、三倍或更大？是否依據每個教學團隊中教師的數目多寡來做考量？最大的班級會是什麼模樣呢？此外，如果班級大小不變，卻可以透過一些閉路電視或多媒體錄影帶做為遠距學習，是否教師們仍會留在他們原來的班級進行教學，或者由助手代替教師？

是否只有最優秀的教師能被選擇組

成教學團隊？如果他們的教學已經很成功，爲什麼還要如此大費周章去組成教學團？當我們把有關空間、課表調配等各項行政改變所付出的代價，與協同教學相互做驗證後，是否協同教學改進的結果還是如此的引人注目？

另一方面，能力差的教師能否在能力好的指導教師指導下獲得改進？或反而成爲負擔，拉下了有活力和熱心教師的水準，而使整體的表現平庸化？

是否這些教學團隊中的教師皆從一群自願者中選出來的？任何人都可成爲自願者嗎？選擇教學團隊時會使用什麼規準呢？教職員能否完全用指派的方式，而罔顧他們在教學團隊中教學時的感受？教學團隊是同學科或是不同學科的成員所組成的？沒有分派在教學團隊中的教職員是否會感到嫉妒或怨恨呢？

這些決定要如何達成？要如何授權？是否所有參與達成決議的人，會受到這些決議的影響？誰該做最後的決定？不同任務應該用什麼方式完成？是行政人員單方面的決定，還是由教職員們用投票方式，由得票數多的一方決定，還是藉由民意的方式，學生能在決定過程中發表意見嗎？

每一個教學團隊的教師在年齡、性別、種族背景、經驗上能夠取得一致的平衡嗎（Havas，1994）？具有創意或重視傳統的教師能否混合在同一個教學團中？團隊成員們能否做到週期性的循環？每一個團隊有一個領導者或是一個專家教師嗎？或者領導權是彼此分享呢？

課程內容如何決定？由教學團隊？各科系？各學院的課程委員會？國家或

地區認可的專業協會？或由行政人員考慮學院及科系任務和目標來做決定呢？

誰來評鑑這些教學團隊？學生該使用標準化測驗的形式嗎？用什麼方式評鑑團隊成員呢？各科系在事先使用什麼樣的規準來取得一致的意見？行政人員又該怎麼做呢？

以上是針對「教學團隊組成」這個議題不同論點的想法，若我們能對這些問題事先討論則可以防止受到挫折，並增進成功的機會。

這些問題的答案會依據各個大學不同的精神和文化而有所不同。有些學校的運作是由上至下，有些則是由下而上；有些學校寧願採取較強的控制手段，有些學校則盡可能的鼓勵個體或不同團體的自主。這中間的界限要如何劃分？如果每個成員都能參與做決定，則他們的排斥感或心中的疑問是可以先預防的。但若有人堅持由民意來決定，則可能會造成拒絕改變的結果，無論改變是多麼的有價值。這說明少數人的決定可能是專制的，但多數人的決定也可能是不合理的。

行政人員與教職人員間頻繁的雙向溝通變得更爲重要，更多的溝通焦點必須放在影響決定的理由上，而非已經做成決定的資訊上。教學團隊中的溝通也必須更開放與更頻繁。有關爭論誰來控制、誰要負責做什麼、要用什麼最好的方式呈現內容和如何評鑑過程等，這些衝突必須要獲得解決，否則，學生將成爲在不良實驗設計下被犧牲的白老鼠。

面對這樣的教育創新，教師間與教師和行政人員間的信任是必須的。相互尊重會使負面的流言和瑣事減到最低。若教師與行政人員間能有良好的運作，這樣的情境必然也可以獲得學生們的贊同：他們將可以迎接任何的改變，並且可以有效地接受評量。

責任歸屬是個關鍵問題。如果可能的話，每個教學團隊成員的責任應明確劃分，包含如下幾點：

1. 參與教學團隊計畫和班級會議
2. 課堂中所扮演的角色
3. 詢問或回答學生們或其他教職員的問題
4. 設計、執行及考核
5. 學生報告的閱讀和評分
6. 提供建議給學生和管理學生
7. 教科書的需求及建議與視聽教材的選擇
8. 客座教師的利用

行政人員通常從學系和學生所提供不同程度的資料，來指派、晉升或解雇教師。教學團隊如何參與這個過程？是由他們做決定嗎？或只做為諮詢對象，或根本不被詢問？

在選擇新教師時，必須注意他們在協同教學上的潛力，他們也許會被問到對協同教學的態度，或在晤談過程中請他們展示一下技巧。對協同教學沒有經驗的應試者，則應請他們觀察一些課堂上課的情形，並學習教學團隊成員所負的責任，和成員討論有關協同教學的優缺點。然後教學團隊成員才可以評估應試者，關於要成為教學團隊一分子應有的態度、興趣和能力。

在科際整合的協同教學下實習，可以提供資淺的教職員有機會參與課程發

展並見識不同的班級經營管理方式，並可以觀察學校中有經驗的教授，使用各種優異教學方式進行教學。新進教師可在一個穩定回饋的支持性脈絡下，擔負起更多的責任。

一旦教師被指派後，藉由第一手的觀察，教學團隊中的同事就會比其科系同事知道更多有關此教師的長處和弱點。他們可以互為良師益友，相互交換意見和支持，他們也可以提供很多有價值的証明，以做為晉升和延長任期的建議。

協同教學可為教職員的在職教育提供一個絕佳的機會，這樣的小組工作形式可以刺激教學團隊成員清楚定下目標、衡量達成目標的有效方法和對結果進行測試。當成員討論這些議題時，他們更可以在教育和專業領域的研究上並肩作戰，學生們則持續從中獲得利益。

必要條件

要特別注意小團體的動態，雖然頻繁的互動可以使大家受益，但也可能會帶來潛在的摩擦。以下是排除成員間摩擦的一些基本的法則：

1. 所有的教師應有權保有他們個人的班級教學風格，沒有教師應被強迫採用其他人的技巧或特色，因為協同教學其中一個優點就是不同教師間是互補的，而不是互相模仿的。

2. 另一方面，教師也應放膽嘗試一些新事物並從中獲得回饋，知道這些新事物是如何運作的。

3. 協調性也是另一個必須關切的焦點。教學團隊成員未必是朋友，事實上，有時教學團隊的壓力可能使先前建立的友誼關係變得緊張，但是他們必須要願意傾聽對方的想法，給予和接受對於改進的一些建議，並把個人的利益列於次要而以團體的利益爲重。有些教師可能太害羞或不愛交際，有些教師可能不想改變個人覺得有效的教學方式，或有些成員擔心被其他人背叛，或有人因爲年齡、性別、文化背景等因素感到不受尊重，將使眞誠的教學團隊運作變得非常困難。

4. 團隊會議應準時的開始和結束，並依照事先準備好的議程進行，確信大家能準時、眞誠的參加會議，營造一種井然有序的氣氛，可以防止因爲不情願或缺席而造成彼此的埋怨。

5. 當教學團隊中沒有教學助理時，教學團隊成員應達成放慢腳步並相互協助的共識。（Hanslovsky et al., 1969）

學者Heller（1964）提到：理想上，協同教學的教師是智慧、專業和個人美德的象徵，但實際上，要形成一個有效率的教學團隊，教師的資格倒不需如此要求。其實，在傳統教學情境上表現有效率的教師，在協同教學上也能表現的有效率（p．64）。

教學團隊能培育教師所需的特質包括智慧、熱情、好奇心、耐心和想像力，尤其更能使個人才能表現有後援支持。經過不斷練習，某成員可能成爲一個優秀的大團體講演者，表現活力、幽默感和戲劇感。另一位可能成爲善用團體動力來指導以學生為中心的討論專家。另一位則最擅長激發學生創意的技巧，使他們運用在計畫、做研究和寫作上。（Heller，1964）。

無論是那一種類型的教學團隊，階層制、民主制或折衷式的，如果要成功經營一個教學團隊，成員必須具備下列幾點：

1. 努力工作，付出時間和精力。課程計畫和人際都須要不斷的協調，另一方面，評鑑與重新設計都是需要花費時間，所得結果和付出的努力是成比例的，因此每一位成員應公平分攤責任。如果一些外界責任妨礙教師成為教學團隊的一分子，就必須採取一些措施，此外，教學團隊也能協助遇到困難的成員做價值澄清，並獲得一個大家都可接受、合理的解決之道。

2. 真誠致力於學生的教育發展。實施協同教學最主要的理由就是改善學生學習的質與量，期待教學團隊的經驗能夠刺激學生對於學習主題的興趣，並啓動教職員們開創性的研究，而評鑑的焦點必須放在學習的質與量上。

3. 願意與同事們分享彼此的看法，結合成員間的創見和技巧豐富彼此。當同事間傾聽彼此的教學和評量，就能夠改進每個人的教學。即使是很有名的明星教師，也可以藉由專家獲得某特定領域的知識，藉由通才者身上看到主題的相關性，在媒體及科技形式、各種團體動力專家及教學過程的溝通專家身上得到幫助。事實上，歌劇演唱家也有發聲的教練，演員也有導演指導。（Esterby-Smith,1984）。

4. 願意付出、接受和使用建設性的批評，要做到此點，必須要有個人強烈的安全感。很多教職員深怕讓別人感覺受挫或束縛他們的學術自由，正因如此，相互尊重是必須的，但當考慮到爲了共同利益，需要嚴肅正視自我批判和團體批判的重要性，以達成課程一致的目標。教學團隊成員必須建立一種氣氛，使成員能自由的質疑、否定或表達不滿。以令人興奮與熱情的態度，眞誠的討論疑慮和面對恐懼，這將會改進所有教學成員的教學品質。一旦這種氣氛建立起來，就必須要定期的更新，以保持溝通管道的暢通。

5. 願意共同合作和解決問題。教學團隊成員應承諾支持團體決定的過程，藉由腦力激盪的方式，過程中並要有創造力與彈性，成員間不應自視高傲，也不隨意壓制別人意見，而是要隨時準備好競爭、妥協和合作，彼此間應願意接受和履行被指派的責任，同時透過同事的回饋得到鼓勵，但必須建立在開放和彈性基礎上。

6. 不要只固守某一種教學方式。因爲現行教材教法行的通，並不表示其他方法不好，在不同的情境下，不同的教學方式對不同的學生會有不同的反應，而學生才是決定教法的主體。

7. 要有冒險犯難和從錯誤中學習的精神。以教學團隊的計畫著手進行，會有明確的成效，因爲三個臭皮匠勝過一個諸葛亮，並可降低風險。(Johnson&Hunt,1968, p.21)

開始進行

當協同教學在一所學校開始實行時，我們可以從某一個學科或某一個課程先開始。一旦教學團隊成員習慣團體工作後，便可以開始邀請其他學系的教師一同進行科際整合的協同教學。（Beggs,1964a）。

一個設計良好的方針計畫，是結合理論與實際的，也爲每一位教師提供最大的幫助，它應包含：協同教學的目標、利益和潛藏危機、成員中不同的角色和責任、大教學團隊與小教學團隊可行的方法，並能給予教師與學生創造與成長的機會。

首要任務是決定想要達成的學習成果爲何。爲了要達成這個目的，整個科系成員可能都要投入其中，以使他們對此計畫有歸屬感。

其次，討論並選擇達成這些目標的最佳方法，包括必修與選修的教材的選擇、授課的次數與內容、視聽教具、討論和個別的研究。接下來，教學團隊必須決定最理想的授課和分組討論組別的大小，考慮可供教學團隊使用空間的限制，以及教學團隊由多少教師組成。

學生在討論團體中的任務也是由教學團隊決定的。有時候討論團體是由同質性高的學生組成，所以他們可以在議題上做深入的探索；有時候是由異質性高的學生組成，所以可使學生的觸角更寬更廣。

考慮有多少時間能用於正規的課堂之中，有多少時間用在討論和實驗工作上。此外，某些技巧的發展需要有更頻繁的會議來做過程的評估及強化學習。

最後，教學團隊應討論如何制定最佳的測驗及評分方式，如果設計得當，同樣的也可能提升學生的學習，有下列四種途徑：

1. 藉由構想良好的多重選擇測驗，能清楚觀察學生已精熟的資料。教師也藉由檢視這些結果，來評估某些技巧的發展情形，這樣的測驗要花相當長的時間，但是能夠很快的獲得校正。

2. 論文能夠在學生的分析能力及綜合能力、找出關聯，做出結論，以及在寫作表達等方面，提供一個更準確的圖像。論文比多重選擇測驗，可更有效地激發學生的想像力、創造力或情感。

3. 在團體討論中可以觀察口頭發言的技巧，但教學團隊也可能想要另外規畫一些個人的或是小團體的口試。

4. 法學院性向測驗等等這些考試結果，對於發展過程可提供一些客觀的見洞。當然，影響學生成績的因素有很多，但是與其他同學相較之下，持續進步的表現，對學生或老師都是一種相當大的鼓勵。

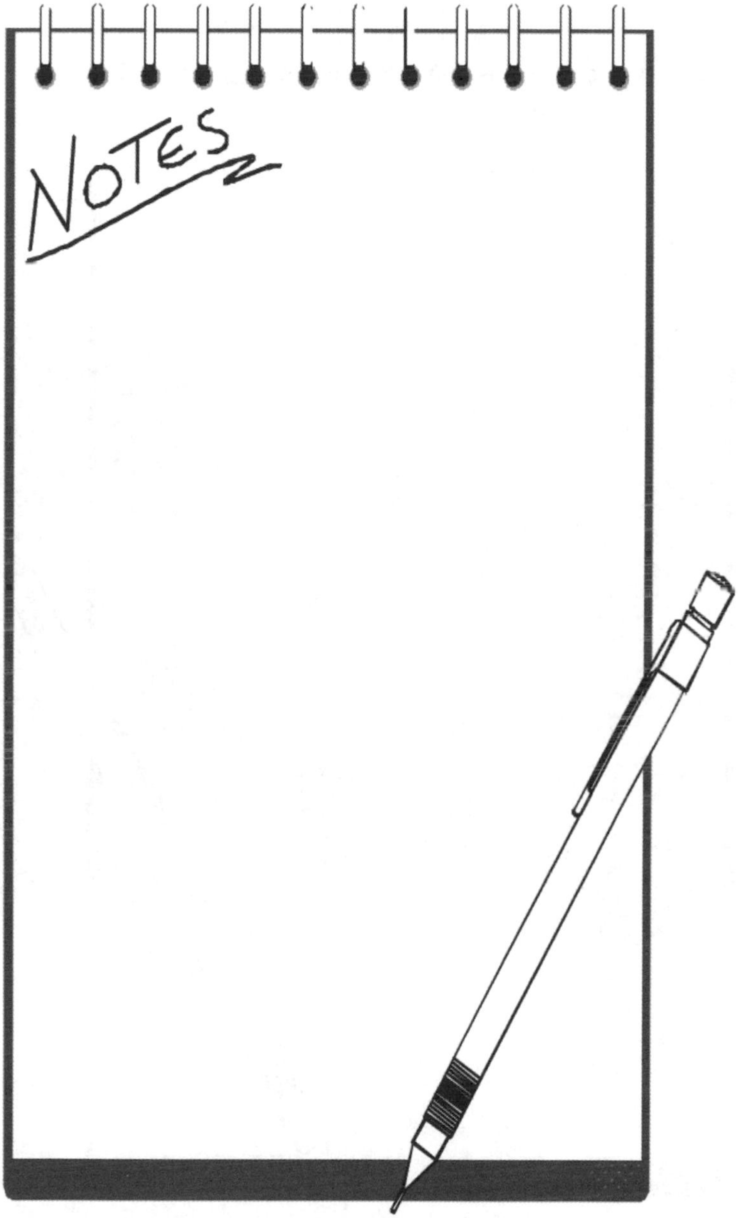
NOTES

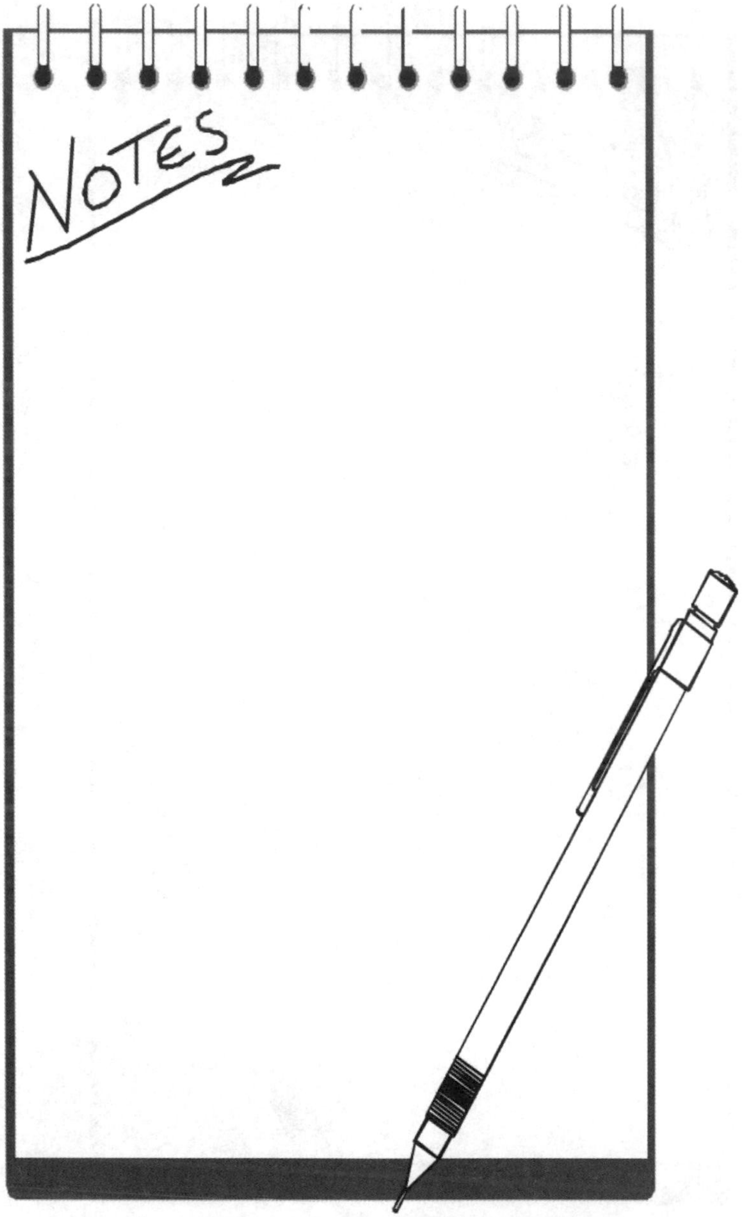
NOTES

chapter 6

協同教學團隊的模式

- 權威導向型
- 自我導向型
- 混合型

活動設計

第六章 協同教學團隊的模式

協同教學組群的類型有：「權威導向型」（或稱階層型）（authority-directed/hierarchical）；「自我導向型」（或稱民主型或協同型）（self-directed/democratic/synergetic）；「階層民主協調或混合型」（coordinated or mixed/hierarchical/democratic）。（進一步資料，請參看Davis, 1966; Lafauci & Richter, 1970），分別說明如下：

權威導向型

在權威導向型或階層型下，如果是屬於學科內的協同教學，由系主任指定成員及領導者，如果是科際整合則由學院院長指定成員。教學團隊有一個領導者，並有專家教師、一般教師、實習教師或教學助理來協助。工作任務如下：

領導者－負責教學團隊的運作，包括：

1. 主持會議
2. 計畫，協調及指導教學團隊活動
3. 代表團隊做特殊決定

4. 激發目標及方法的思考和行動
5. 隨時更新相關的圖書資料
6. 鼓勵並執行研究
7. 和社區資源人士聯繫
8. 成為一個模範，特別是在教學和評鑑方面
9. 協助教師並進行導向工作，尤其是對新進教師
10. 訓練並監督實習教師和教學助理
11. 評鑑進步情形
12. 保存記錄
13. 和教學團隊保持溝通
14. 成為資源來源者
15. 整合教學團隊的教學方案
16. 進行教學，尤其是對大班群作引言
17. 有較多的薪資及休假

專家教師或資深教師的工作

1. 定期教大班群，有時則為小組授課
2. 發展學科領域的課程資源
3. 隨時更新學科領域的專業文獻

4. 為教師扮演學科領域的資源來源者之角色
5. 擔任學科領域的計畫領導者
6. 為團隊中特殊的需求，向領導者提出建議
7. 作為激發思考和行動的模範

(Chamberlin, 1969; Hanslovsky et al., 1969)

一般教師的工作

1. 共同參與計畫的內容和方法
2. 了解學生背景以確定其特別的需求
3. 對各種大小不一的團體進行教學
4. 引導小組討論、澄清觀念，協助學生思考、發問、討論及確保相互尊重
5. 監督實習教師和教學助理的工作

教學助理或實習教師的工作

1. 主動參與教學團隊的會議
2. 監看教學團隊在視訊學習時的狀況
3. 播放影片
4. 參與大班群、小組以及個別學生的學習工作
5. 引導討論
6. 發展參考書目及圖書研究
7. 準備教學材料，包括視訊教具
8. 影印並分發教學材料
9. 解釋教材目錄及細節
10. 指引精熟內容及技巧的實踐
11. 激發學生興趣及發展
12. 檢查出席率

13. 試卷的打字
14. 更正論文拼字和文法
15. 保存、準備及播放影片、錄影帶
16. 收集和歸還報告
17. 分發補充教材
18. 協助維持教室的清潔
19. 維護公佈欄上的公告
20. 協助實驗及校外教學
21. 運作讀書會
22. 處理行政文書

由實習教師及教學助理處理部分業務，可使領導者及教師們騰出空檔，來進行計畫、研究及其他更高階的工作。

階層型協同教學定期對學生實施共同測驗，以了解他們進步情形，並了解學生在認知、態度、價值及技巧上的學習是否精熟，學生被期望獲得概念、精熟事實和有邏輯、有系統地明確表達想法。教師們應確知學生應學什麼及如何學，重點放在達成課程的要求，特別是認知的內容。

這種方式是讓小班群教師不論是否有教學助理的協助，都能夠應付大班群的學生，如此便可以節省經費。另一方面，如果雇用半專業的教學助理，雖可能增加些許成本，但上述提及的非教學工作，可交由他們來做，這樣可提升整體的教學品質。

此種階層結構有幾項優點：可以迅速公正地進行決定、終止永無止境

的辯論、提供指導以及成員彼此權責劃分清楚。但有些成員也可能因爲沒有決定權而心懷怨懟。

自我導向型

在自我導向型的協同教學中，自主性或協同性團隊皆由教師或學生自發形成，所有教師的地位都是平等的，作決定的過程通常是由全體同意或多數投票達成，但相對冗長的辯論可能使人氣餒。

如果行政事務需要有領導者，教學團隊成員可以定期輪流擔任或專長需要來擔任。這個領導者不會獲得額外的薪資或休假，也少有長期聘雇的教學助理協助。

這類型教學團隊規模及功能依教師的興趣、才能及目標而有不同。他們經常讓學生選擇研究的主題，鼓勵學生在做中學，以個人或團體方式做研究，促進學生間和師生間共同學習。

不重形式並鼓勵創造，強調個人多方面的成長，而不僅是精熟既有訊息而已。除了爲符合畢業和轉校需要而考試和打分數外，平常是不必考試和打分數的。

混合型

混合型係結合上述兩個類型而成，其教學團隊成員乃依教師興趣和喜好，經過協商後，再由行政人指派，一般會由共有核心課程的系所擔任。教學團隊可以選擇領導者或輪流擔任協調者，這些最好是依據協調者的經驗、領導的品質及對教學的熱誠來決定。

不是所有的教師都想成為領導者，有許多教師相當滿意只做學生的領導者，並想將他們的精力放在學生身上，而教學團隊可以為不同的領導特質的教師提供豐富的脈絡，使他們能從領導者的熱誠、願景及慎思中獲益。

鼓勵不斷地創新，並允許有彈性的班級規模及上課時間。教師評鑑學生的學習成就，學生評鑑教師教學的效能，重視師生的共同成長。在主動和分擔責任間，在民主式參與和共同期望間，在學生發展和教學內容間，以及在認知、情意、行為目標之間應取得平衡。

權責劃分及具體的工作內容，給予資深教師有機會將經驗和資淺教師分享，使具有特殊教育及諮商才能的教師有機會被認可，有機會享有頭銜和聲望，甚至可以得到特別的報酬，而薪資是依據工作的質與量以及相對應之同階級教師的情形來做調整。

「協同教學係經由專業與合作來擴大提升教學品質的概念。」(Beggs, 1964, p.44)就像在工商界及許多專業領域一樣，教學專業化可以提升產品的品質、學生的學習。但教育目的不像在產業界達到標準即可，而是要強化適應學生個別需求及教師才能。

有些教師擅長選擇學習經驗，有的專精於引導班級討論，有的則擅長編製測驗，他們都可相互協助。樂於發

揮自己的專長，這往往比金錢更有價值。

對混合型的協同教學而言，事前計畫是必要的。在一年之前即決定成員和領導者，以確保計畫和成員的延續性，所有的成員應該要做些基本研究，以便了解協同教學對他們的期望是什麼，這些基本研究包含閱讀及與舊成員談話，甚至觀摩舊成員的教學活動。如此一來，可消除許多疑慮。

在教學團隊細部計畫實施前，公開讓教師對教學方法做腦力激盪及一些天馬行空的想像，可以使他們產生希望及減少恐懼。少數能力弱的教師不太願意展現自己專業或暴露自己的弱點，此時團隊其他教師要鼓勵並支持他們使他們安心。

在團隊會議中決定目標、教材、進度，甚至可以邀請學生表達他們的看法。學術計畫需求、成員的個性及興趣都可以相互調整。混合不同性質的教師在團隊中，如：生手教師和資深教師、男性教師和女性教師、不同族群的教師及對教學內容有不同態度的教師，都可以活化班級討論，同時也確保學術的自由。人際間的分裂衝突應該要避免，但是方法的爭論卻可使每個人在會議中保持清醒。

如果團隊中有些成員隨著一些計畫留任數年，可以確保計畫的延續性。如果有教師感到疲憊或興趣改變，則可以增加新成員，這時人際間的衝突可能因而增加，對教師任務調整或調任的要求，應盡可能尊重，這能確保所有成員的自願性。教師們的和諧可使工作具創造力並達到預期的效果。

團隊的領導者因負有較重的責任，可以得到額外的津貼，行政人員可基於特殊計畫彈性調整教學團隊的工作時間，例如發展新的研究計畫、計畫新的課程或開發協同教學的全新領域。

在大學中如果已有數個混合型的教學團隊存在，則數個教學團隊的協調者或領導者間、行政部門間應形成集會，分享彼此的觀念及看法，他們也可以邀請學生出席及參與計畫。

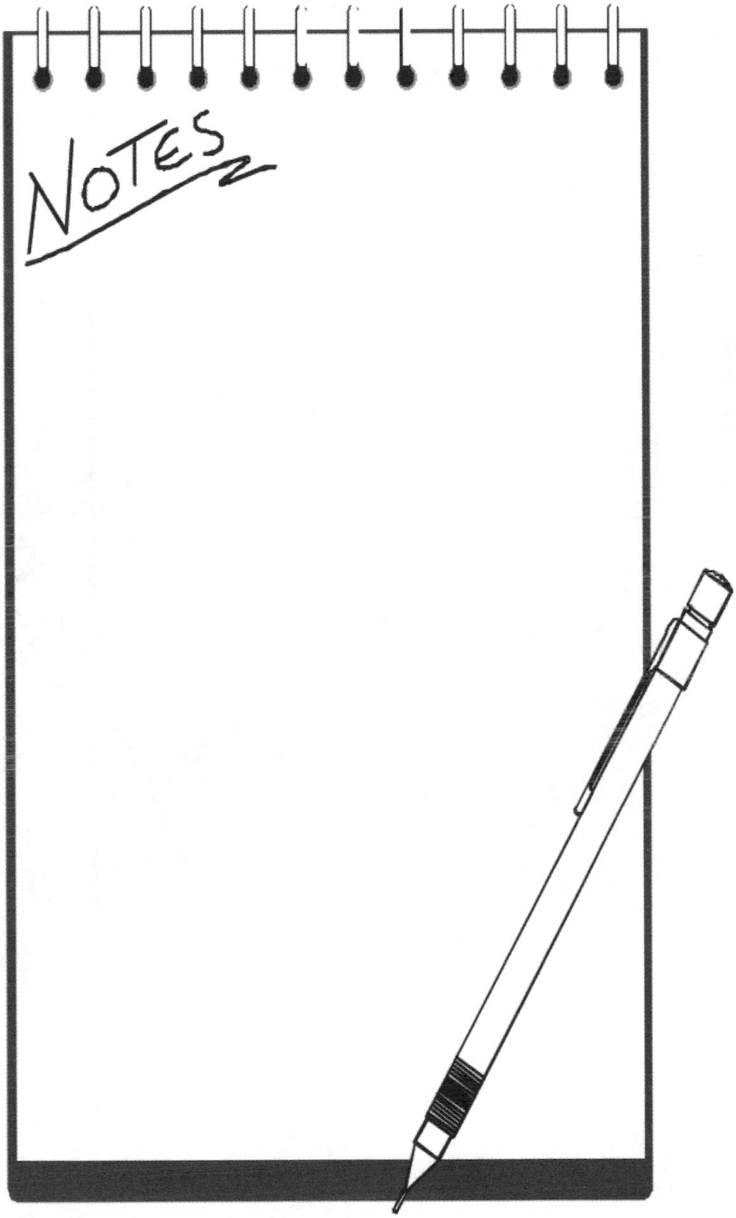
NOTES

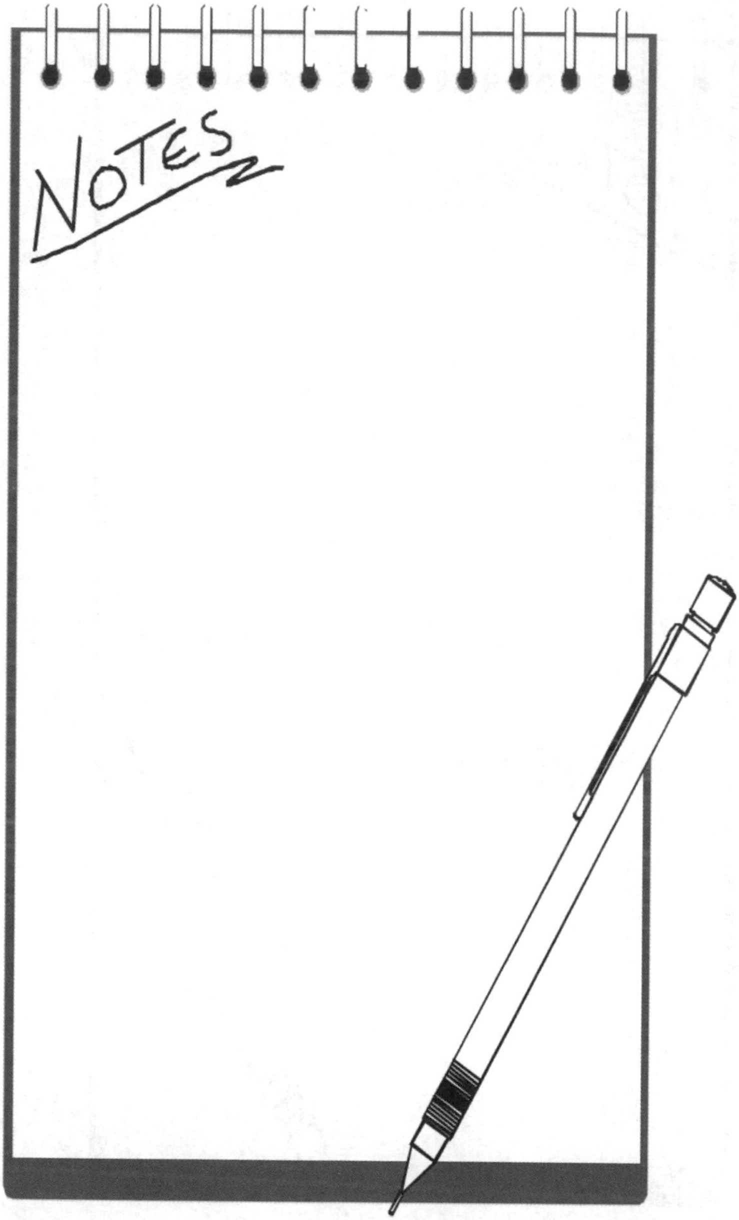
NOTES

chapter 7

協同教學的領域

- 單一學科的協同教學團隊
- 校際整合的協同教學團隊
- 校內校的協同教學小組

第七章

協同教學的領域

要在一門學科中變成專家，學生應該學會組織此一領域概念的關鍵，精熟最重要的事實，並覺察不同科目間的關係。無論是單一科目或跨越科目的協同教學，都試圖平衡教師與學生之間的需求，並提供擴展視野的機會。教師被期望要做深入的研究和出版，以在某領域達到精熟的地步，通常這種要求會限制大家的焦點，以致無法獲得全面性的理解；學生也一樣，想藉由分割整體成爲許多部分來理解，但過度強調分析愈來愈細小的實體單位，會對教師及學生造成危害。研究者可能會錯失一些工作上的重要指示與應用，單向思考往往會扭曲了結果，解決之道是用綜合的方式，把片段再重組成整體，提一些新的問題，並發現新的關係，學生會對眞實生活情境和問題中的複雜性具有敏銳度。

這該如何做呢？二個或二個以上的教師，在有或沒有助手的情況下，針對一個或數個群體，在適合的教學場域和足夠的時間下，利用協同教學成員的專長，進行合作的計畫、教學和評量。（Singer,1964,p16）

以上的定義可用於單一學科或科際整合的協同教學。

單一學科的協同教學團隊 (Single-disciplinary Teams)

單一學科的協同教學成員來自相同的科系中，指導相同的學生。成員也許具有相同或不同的專才，但他們經常帶入不同的研究興趣。

同一科系的協同教學是得到教學團隊動力經驗的一種相當簡單方式。因爲彼此間已經有相當程度的了解和信任，當他們的缺點曝光時，他們不害怕在大衆面前丟臉，事實上，他們可以依賴其他成員繼續維持班級學習的進度，並且從許多故事中獲得補充資料，由於有不同的聲音和個性，則可以刺激學生學習的興趣。

比起傳統的教學模式，單一學科的協同教學可顯現出教師的專才，至少能應付比原來多一倍以上的學生。新手可以和有經驗的老手一起進行一個協同計畫，成員可以基於學生的需求和本身的特質、興趣，實踐連續性的課程計畫並進行修正。他們可以利用社區中有專長的人士或使用影片、錄音帶、閉路電視、自導式教學計畫或其他技術性的學習工具。

各科系通常負責的是課程目標，包括認知、技能和情意等部分，這些知識包含基本事實或甚至某些領域的精熟度、分析的技巧、綜合和批判，對於此領域的態度

和價值觀。如果各科系針對所有課程運用不同程度的監督與檢核，相對地也是推動協同教學的一個簡單步驟。

成員們要共同設定課程的目標、內容、選擇教材，如教科書、教具，並且發展適合所有學生的平時測驗和期末考試。有了這些初步的規畫後，成員要把所有主題和支援的部分做一個順序排列，並同時融入自己的教學風格，在共同目標和興趣上愈能取得一致，則在協同教學上愈能合作與互助。這種方法較利於行政人員分配教學空間，尤其有幾個不同的教學團隊需要輪流使用大型教學空間的話。

教學的週期可以同時規畫完成，也可以做連續性的規畫。例如，二位指導特性相似班級的教師，可以在同一或前後教學週期互相合作，以便各自把焦點放在自己最拿手的課程進行上。學生有時候全都在同一個大團體，有時又分成幾個不同的小團體，由教師或助理監督學習情形，或者學生可以獨自或共同在圖書館、實驗室或其他地方工作。

當同科系所有學生在一起學習時，課堂討論的焦點應放在共同的興趣上，此外，他們也可以在其他課堂進行分享，藉由了解他人的過程，使得課堂以外的非正式時間互動更頻繁。當談到對於在自己科系和其他科系間的衝突時更自由，無須擔心是否會浪費其他科系同學的時間。

科際整合的協同教學團隊
(Interdisciplinary Teams)

科際整合的協同是由不同科系的教師在同一時間對一群學生教學，其課程通常是通識教育的核心課程。在預定的時間架構裡，班級可以劃分成大小規模不一的小組，甚至是個人學習，教師們可以思考要如何將教學計畫分成每日、每週或每月，其上課方式可以是講授、引導討論、學科領域的發問、監督研究或個別指導等，共同的方案和評鑑應包含在計畫裡。

長久侷限在自己專業領域的大學教師，對於跨科系甚至是不同學院範疇感興趣。例如：護理系當然對健康科學有興趣，但也可以涉及心理學、社會學、政治學、歷史學、法律等，這些領域會立即影響到護理看護的效果和品質。

再如，要擴展對聖經欣賞，可以研究在最古老的語言中所使用辭語的各種意義，研究相同字辭在不同時代的意義，或是研究依性別、社會地位及文化等不同情境中字辭的運用，研究其他聖經作者所引用的文本，或不同文化的譯者所使用的字詞，甚或研究數個世紀以來，不同神學家對聖經的詮釋，或者研究依不同目的及語言使用來欣賞聖經等。哲學、歷史學、社會學、心理學、人類學、文學及溝通藝術，都可以對讀者提供不同視野。因此如果只從一個面向來看的話，會使學術及宗教變得貧瘠。

科際整合協同教學的優點在於可以呈現不同學科領域間的關係，拓展教師

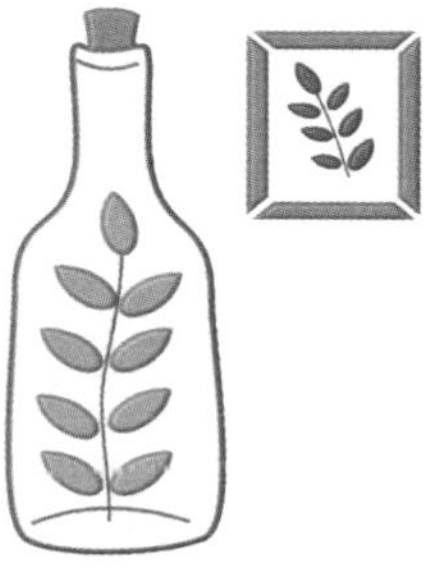

及學生的新觀點，產生新的問題及發現。其中有趣的一點是在課堂上呈現共同的研究方案，學生可以把建議的主題直接放入規畫的課程中。班級中兩位或多位學生所呈現的作業，或刊載在學術刊物中教師(甚至是學生)長期研究的論文，這些方案在長度及深度上都可以多元化。

多元問題取向的教學，另一個益處是學習聯結混亂且複雜的眞實生活，因此具有多重觀點及不同的解決方法。早期的學習應用在新的情境上，然後增強、擴展，而後相似性及差異性就會出現，然後技巧便不斷的發展，興趣也不斷的增加。例如，有關了解「城市」這個課程，則需要歷史、經濟、政治、社會、道德、傳播藝術、建築、工程等方面的專家。

另一方面，因涉及多個科系的合作，需要詳細的計畫及協商，甚至是更多時間的投入，對於可能的人際間衝突也要多加注意，衝突可以產生創造力，也可能具破壞性，因此學習解決衝突的技巧是必要的。

探究和解決學科間的衝突，可改進學生對探究和解決衝突的態度。現在這類的衝突，通常在許多的班級課程中都被故意忽略，科際整合的課程內容如果是有關於學生的主修科目，往往會產生更大的影響，實施科際整合協同的班級，建立在已存在的興趣基礎上，並謹愼地試圖將學科和生活統整。

協同教學對於班級會產生很多影響，若科際整合的協同教學則影響更爲顯著。協同教學通常是針對一個學科使用不同的方法來激發興趣，不同的角色扮演不但可以互補不足，還可吸引不同類型的學生，具有相同態度及價值的教師們，藉由批判的過程，更加突顯這些價值的重要性。

科際整合的協同教學課程就像織布機，不同課程如各色的絲線，織出彩色的錦毯(請參考Hanslovsky 在1969年所引用的案例)。例如：課程中教授傳播藝術、物理、數學、及心理的教師，可關注在知覺和感覺的重要性。了解電影中明暗、攝影角度、運軌、配樂的重要性；透過工具，知覺就像顯微鏡、望遠鏡及攝影機一樣可以擴展；透過統計分析及繪圖，知覺可以測量收集到的資訊，而內在的眼睛與耳朵的發展更可探測潛意識。

具有科際整合課程本質的頂點課程(capstone course)，統整了核心課程，甚至統整大學四年所要學的理解力及技能。它的重要性遠勝於其他單一課程，但受限於時間，使得其影響不如由單一科系所建立的課程組織，以及由一套多學科課程建立的核心課程，這些課程需要超過一學期的時間，才能逐漸建立共識、發展技巧及強化價值觀。(LaFauci & Richter, 1970, pp.51-52)

校內校的協同教學小組 (School-Within-a-School Team)

校內校的協同教學是來自不同學科的教師，對同一組學生教學一段時間，通常是二至四年。它不但具有科際整合

協同教學的優點，也可以在學生之間建立團隊精神，在班級之外，飲食、遊戲及禱告，師生都在一起。有時學生和教師一起生活，在同一個大廳裡辦公或研究，教師可以在不同的情境中，長時間觀察學生因而更了解學生，而學生因跨學科可以投入長期研究的方案，改進分析及綜合的技巧，成績好的學生甚至可以成為教學助理，更深化自己的學習品質 (Singer, 1964)。

除了提供資訊外，校內校協同教學對學生態度及價值觀的影響狀況，會因下列因素而不同：

1. 和其他人接觸或和小組分享興趣與目標的頻率。
2. 分享活動領域的多寡（如：生活、讀書、工作、遊戲、飲食、社會服務、參予政策的訂定等）。
3. 共享相同興趣及目標的小組規模。小團體以正式及非正式的方式，鼓勵全部的成員參與及互動，可以讓成員重新思考其態度及價值觀。
4. 團體孤立的程度，不論是物理性（郊區，農村的環境）或文化性（刻意地使教學團隊不同於社會），這是所謂貧民區效應：即「我們-它們」的關係。
5. 小組和教師對共有價值重要性的體認。
6. 組內合作（例如：共同計畫、學生之間相互教學、相關的課程計畫和設計）。
7. 同儕小組教學和教師互動頻繁、熟悉的程度，以及運用不同方式，包括圖書館、會議廳、委員會、學術研討會、拜訪教師、探究師生共同學習等。

8. 計畫方案和學生生活統整的範疇（例如，工作、讀書、社區生活、個人經驗、科際課程），是眞實、有用及學生可以實踐的。
9. 每個教師將科系及學校目標內化的程度。
10. 教師的平衡。資淺教師通常較具吸引力，而教導低年級或大學部的課程；資深教師提供專業經驗，學科領域的基本問題，招聚門生並引導學生對價値觀、生活方式、工作提出質疑，他們也會教授如何理性的實踐及在行動前如何思考。
11. 教學、測驗及評分時注重分析、綜合和批判的實踐和技巧，並藉由經驗、討論和批判性論文來判斷，而非僅是記憶資料而已，學生越是積極，則學習效果越好。
12. 大學校園中的整體氣氛，比起各學系的次團體或學生的個性更具影響力。

打破視爲理所當然的單一學科、單一課程、單一教師的形式，鼓勵創新及實驗。例如：學生可以依照或橫跨科系、性別、主修科目、年齡、文化或興趣分組，然後重新組合以刺激反思，修正過的方案其中優異的部分，讓教學團隊有機會針對學生的需求及興趣，設計出適當且有效的課程。他們提出讀書和學習的技巧，由學生小組輪流寫作業，可以刺激學生的互動，建立社群對話及促進學習。

1. 注重教學環境的教師會在上課前佈置情境。
2. 接待員親切地歡迎來賓。
3. 班級氣氛可簡單的由詩詞、散文、音樂或歌曲、藝術或照片來營造。
4. 以簡短的報告說明前述班級的物理環境，可以用口述或貼海報、圖表的方式來呈現。
5. 簡短的評論前述班級的歷程-發生什麼？實踐了什麼？沒有實踐什麼？爲什麼？全班參與的狀況及他們如何被看待？
6. 強調學科領域間的銜接性。
7. 能指出生活的應用性。(請參考Buckley在1976進一步的論述)

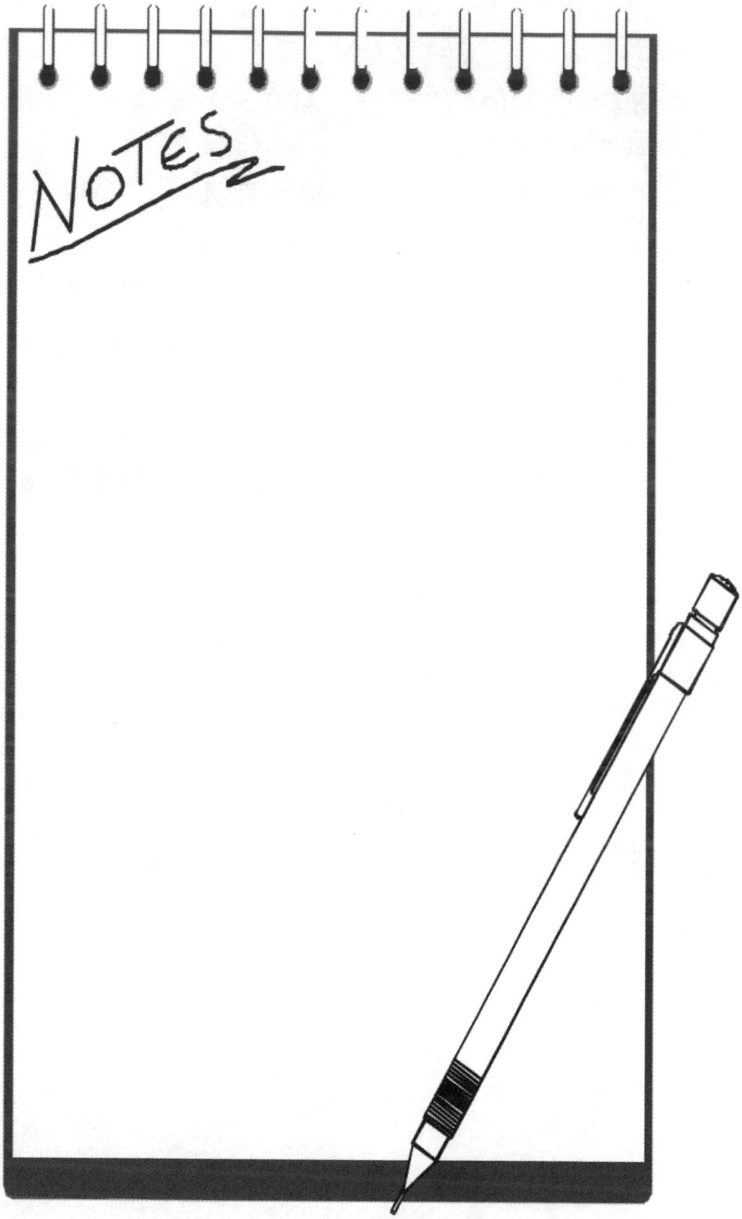
NOTES

第三部分
教學團隊組成與功能

chapter 8

如何領導團隊

- 領導的任務
- 領導的風格
- 領導的來源
- 社群的建立
- 選擇一種領導風格
- 領導的特質

第八章 如何領導團隊

領導的任務

領導者的角色是要去激勵、動員與組織團體。而什麼是領導者應該要知道，並且能以最有效的方式去執行規則？

根據John Gardner在No Easy Victories(1968)乙文中提到，一個好的領導者應該要：

1. 做爲團體的一個道德象徵。
2. 負責促成團體的公共利益。
3. 對威脅到團體效率的行爲採取行動。
4. 確認問題、激發團體成員的創造思考。
5. 將注意焦點聚集在議題上，不做其他個人人身攻擊。

6. 幫助澄清不同的選擇。
7. 象徵、聲明、確認團體價值。
8. 激起希望。
9. 關心團體延續的生命力，維持並培養社群團結、相互欣賞、感謝、自信與愉悅的氣氛。

Steven Covey(1991)勾勒出如何讓領導者促進團體發展的策略如下：

1. 使成員由依賴到獨立的階段，由嬰兒期到青春期，其策略爲：

（1）事情發生前採取行動，不是等事情發生時對事情作反應。主動的採取行動，不是等待事情的發生。

（2）澄清目標，模糊的目標導致混亂的結果。

（3）評估事情輕重緩急，以優先順序排列，決定資源能力的分配。

2. 使成員由獨立到相互依賴的階段，由青春期到成年，其策略爲：

（1）採雙贏的想法。思考豐富而不是貧乏，不做使雙方都有所喪失的妥協，而是尋求使彼此價值都得到增進的方法，眞正的價值是能彼此強化並相互增強效率、不作競爭。

（2）企圖主動瞭解而非被動的等待被瞭解。在回應前先專心傾聽並重述問題，使他人得到滿足感。

（3）加強協同活動–將每一個人帶進討論桌，多元化能豐富大家。

（4）工欲善其事，必先利其器–保持智能上、情感上、精神上的持續成長。

3. 從專制獨裁的結構轉向一個多元化結構，其內涵包括：

（1）將決策轉移到可能達到的最低層級。

（2）共同負責任、共享權力，以增強

效率。

(3)在做決定前，要盡可能考慮所有有用的資源。

(4)共同產生努力的意志(codet-ermination)，以便全體都受共同決定的影響。

(5)共同合作，以便每個參與者各司其職來執行決定。

Loughlan Sofiled在The Collaborative Leader(1995)描述需要的條件如下：

1. 透過一個過程來呈現團體的需要與才能，並將兩者合併。
2. Gardner(1968)與Covey(1991)所條列的那些需要的技巧。
3. 明確有力地表達願景。包括那些根植於過去的基礎、未來的可能性，團體從何而來，未來將走向何處。
4. 超越對個人認同的尋求，邁向經驗的成熟與創造。
5. 團體可以開創不同於以往的工作，從小地方開始做起，漸次擴大。
6. 用幽默使認真和責任相對比，增加信任與生產力。團體一起從事休閒，以完成更多任務。
7. 克服團體工作的主要障礙：

(1)低自尊，容易導致不安全感、競爭與敵意。

(2)精力耗盡，一種來自於自己對自己或他人對自己不切實的期望所造成的失望感，就猶如一個團體想做盡所有它想要做的事，這種過高的期望可能造成的失望感。

（3）因悲痛而對失敗或錯誤處理不當。

（4）害怕衝突。這是不可避免的，但它可以是創造或具激勵性的，是能刺激想像的。創造性的緊張是有益的，就像電需要正負兩極一樣。必須學習衝突解決的技巧。

（5）情緒，如氣憤的不當處理，與其讓敵意產生，不如試著寬容原諒。

（6）缺乏共享的觀念。

（7）自以爲是。歸咎於他人，以推卸責任。

（8）團體內的溝通不良。

社群建立在溝通上，一個教學團體的溝通有五個因素：發話者、訊息、中介者、聽話者和回應。

某人爲訴說什麼而開啓一個話題，但是對話的同時，也揭露一些來自於他自己的訊息。這樣的訊息中也許帶有某些資訊或是一種自我表達，或意圖告知、勸說或只是娛樂，爲了達到溝通的效果，溝通應該被放入語言（包含文字、手勢、圖像）讓聽話者可以瞭解，聽話者可能受限於當下接收訊息的能力，情緒的阻礙或偏見，或者受限於對表達中介物的理解層次。溝通過程應藉著回應或回饋來增進完整程度：「是」、「不是」或者「請告訴我多一點」，這些回應可以使溝通持續進行。

所以有效的溝通，領導者必須瞭解團體，並使成員表達他們的希望、夢想、恐懼、愛、恨、需要、興趣、文化和性別差異，激起並維持他們的注意力，以創造信任感，並克服溝通

的障礙。聰明的領導者以有魅力的方式傳達訊息，使用所有的人都懂的語言，而且選擇所有成員都有空或成員聚集的地點來傳達訊息。

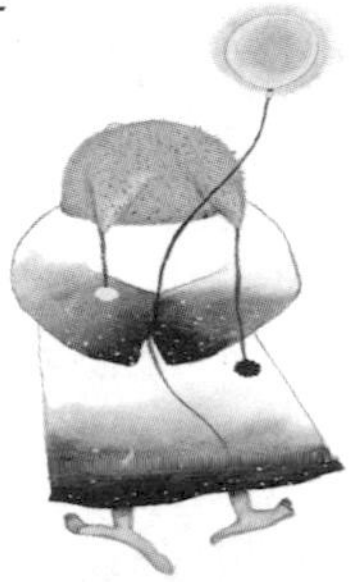

領導的風格

團體的領導者如何看待他們自己呢？是一個果決而毫無疑問的軍事領導或是一個裁判？是一個聰明且經驗豐富的飛行員或是導演？是一個和諧的合唱團指揮或是交響樂團的指揮？是一個百貨公司的經理或是一個政治家？

並非所有的領導者都走一樣的路線，領導風格從專制到民主各有不同，需視參與決定的程度與權力集中或分散的程度而定。

權力集中 CENTRALIZE	1	2	3	4	5	權力分散 DIFFUSED

這個領導風格光譜上的五點，描述如下：

1. 最極端的這點，領導者確認問題後考慮所有可行的方案，做出決定並發佈通知。下級成員不參與決定，他們只服從命令，權力由上往下。

2. 做完決定後，領導者需要解釋這個決定。這樣的領導者需要聽到更多意見而不只是順從。如果屬下能夠了解原因及目標，並且接受這個決定的話，他們的合作將更理智且更有效率。

3. 在一個暫時性的解決方案提出後，甚至在提出前，領導者會邀請成員做反應或提出意見，成員最終的決定是爲了服務他們自身。這樣的管理者注重的是團體成員的經驗與意見，成員有參與學習的意願。

4. 可能由領導者來呈現一個問題，並要求團體來分析情勢與作決定。權力是下放的，但下放的權力僅僅在特定的問題範圍內。

5. 團體可以確認並判斷問題，發展可能的解決方案，達成一個共同的決定。領導者可能參與討論也可能不參與，如果參與的話，可能只限於促進討論的過程和支持最終的決定。

這些領導方法從強制高壓、競爭的，到諮詢、合作的。片面的目標設定、決策決定、動機與控制，可能轉移到相互溝通與相互影響。這所有的方法都曾在大學機構中被使用。

「權力要下放多少」這需要斟酌下列幾點不同的因素：領導者的價值系統、安全感、對團體的信心、團體對問題的興趣、對相似問題的經驗與責任感，以及問題的複雜度、可運用的時間、各學院文化所偏愛的參與程度。並非所有的決定都要由全部成員來達成。

領導的來源

有三個可能的領導來源：

1. 地位。不管學生或教學團隊需要什麼樣的服務，領導者因社會關係而被指派。命令、控制、穩定比團體的成長來的重要。權力與決定的形成是垂直的、集中於領導者，對其他人的信任與信心是極微小的，強制也許是有威脅的，但強制也可能被使用。決定的形成是由上往下，像水往下滴一樣。教學的重點在於是否與課前備好的內容一致，以及是否達到課程的要求，進步由定期考察的曲線來表示，創新的機會很小。

2. 實質上優秀的能力及才華的展現。最高的價值是有成就，廣義而言，就是要有結果。競爭常被用於發掘才能與增進進步，可由研究、發表、教職員教學效能來進行評量，學生的進步則由考試成績及畢業後的職業表現來評斷。權力是準備分配給那些有才能者，由他們來達成事情，鼓勵改變。此外，學生與教職員進行相互評鑑。

3. 社群取向。領導者被選出是因爲個人魅力，人際關係與價值分享，藉著口才與辯論影響他人，其最高價值並非穩定度與成就，而是團體成長，團體成員間高度的信任、信心與溝通。權力關係是水平的，權力下放與分散給團體成員，所有成員都把傾聽和挑戰當成必要，決定的形成是由下往上的，像泡泡一樣往上冒，並考慮所有的可能性來達成共識，鼓勵冒險，因爲成員可以從錯誤中學習。認知與情緒發展則由藝術式的、口頭及書面等多種方式來進行評量。

上述三種風格常常綜合在一起，同一個人可能在不同的情況下採取不同的方式，但當團體成員的組成屬於自願性時，不可或缺的是建立社群的技巧。

社群的建立

要建立一個社群，領導者必須對那些心理上已預備好的人，運用他們了解的語言，表明一種觀點、理想或是價值，尤其強調那些被珍視的價值觀。人們吸收、了解、接受這樣的觀點，並親身去實踐。

社群的承諾藉由活動來增強，領導者居中調和、組織團體成員的才能、傾聽成員說的話、感覺成員的心情，讓成員都能親身經歷聽與說的歷程，產生合作與競爭的對話，並和其他成員保持和諧的關係。

權力的下放並非就是權力分割，而是權力加乘，使決策能由對問題最熟悉的層級來做決定，找到最適合的解決方案。要形成一個社群，所有影響決定的成員，都應該要參與決定的過程。

領導者建立一個社群，鼓勵團體發展並評鑑這個架構，來增進成員的才能，並因應團體的需要。領導者要盡力排除對團體理想的質疑、對團體承諾的削弱以及打擊團體士氣的活動。

選擇一種領導風格

協同教學一般的目標是要形成一個和諧的團體，此團體中擁有高度的動機、個人進取心、相互信任與合作，教師將做爲學生理想成就的模範。教育方案的目標在於改變，促進學習過程，教學相長，教師與學生同樣都在教學的過程中成長，短程目標在增加知識與技能，長程目標則是要培養學生興趣、對學科的觀點、形成好的品格、開闊的心胸與健全的判斷力，短程與長程目標要能結合。

什麼樣的領導風格最能被團體所接受？對團體動態、團體成員、領導者、教師和學生期望的預期假設，都可能降低目標達成，使每個人感到沮喪。最好在事先提出疑問、恐懼、關心與渴望。爲什麼這些成員會在一個團隊？所有的團體成員都能自由的提問題、回應、坦誠的表達同意與不同意嗎？團體常達成協議嗎？

選擇一個領導風格前，最好能事先詢問團體成員，如果能夠徵詢更廣泛的意見，像學生、行政人員、其他相似課程教師等的意見，有助於形塑領導風格。他們能爲未來的同事們提供甚麼樣的忠告？他們又能從經驗豐富的前輩那得到什麼樣的建議？從中立的觀察者嗎？其他反對協同教學的人呢？怎樣運作最佳？爲甚麼？是否有不同於學科中心課程與科際課程？是否有文化差異？教學團體是像個家庭或是運動團體呢？領導者應該輪替嗎？

領導的特質

以下是一個有魅力的領導者需具備的特質，在學期開始前，領導者應該：

1. 事先安排好團體成員
2. 組織課程
3. 表明一個具吸引力的觀點
4. 要親自對計畫承諾
5. 激發成員創造力
6. 幫助成員決定學生參與的年級與程度。

在團體會議上，領導者應該：

1. 以公開、敏銳、幽默的方式帶領討論
2. 提供有用的建議與資源
3. 確定觀點與做決定
4. 展開行動
5. 組織企畫工作與大綱
6. 責任下放
7. 給予明確的指示

團體會議後，領導者應該：

1. 有系統並且迅速的貫徹決定
2. 保持記錄
3. 掌握細節
4. 以網路與行政系統和其他部門保持聯繫，以取得支援。

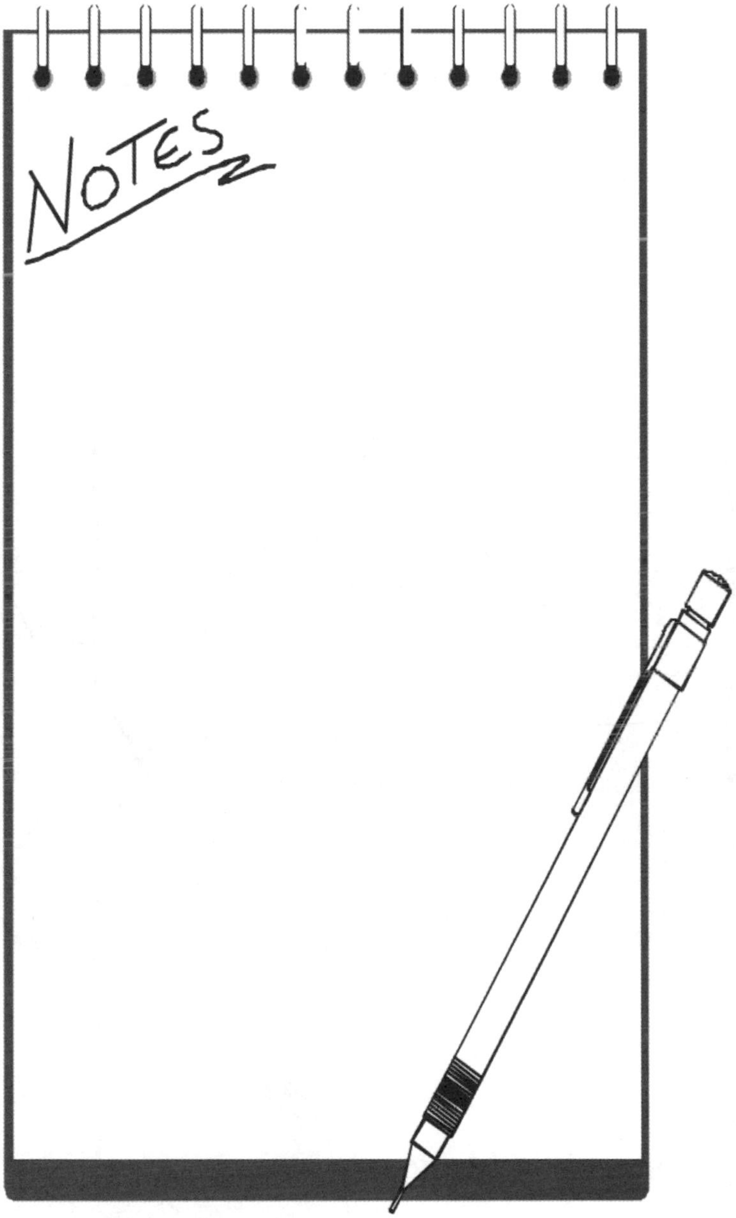
NOTES

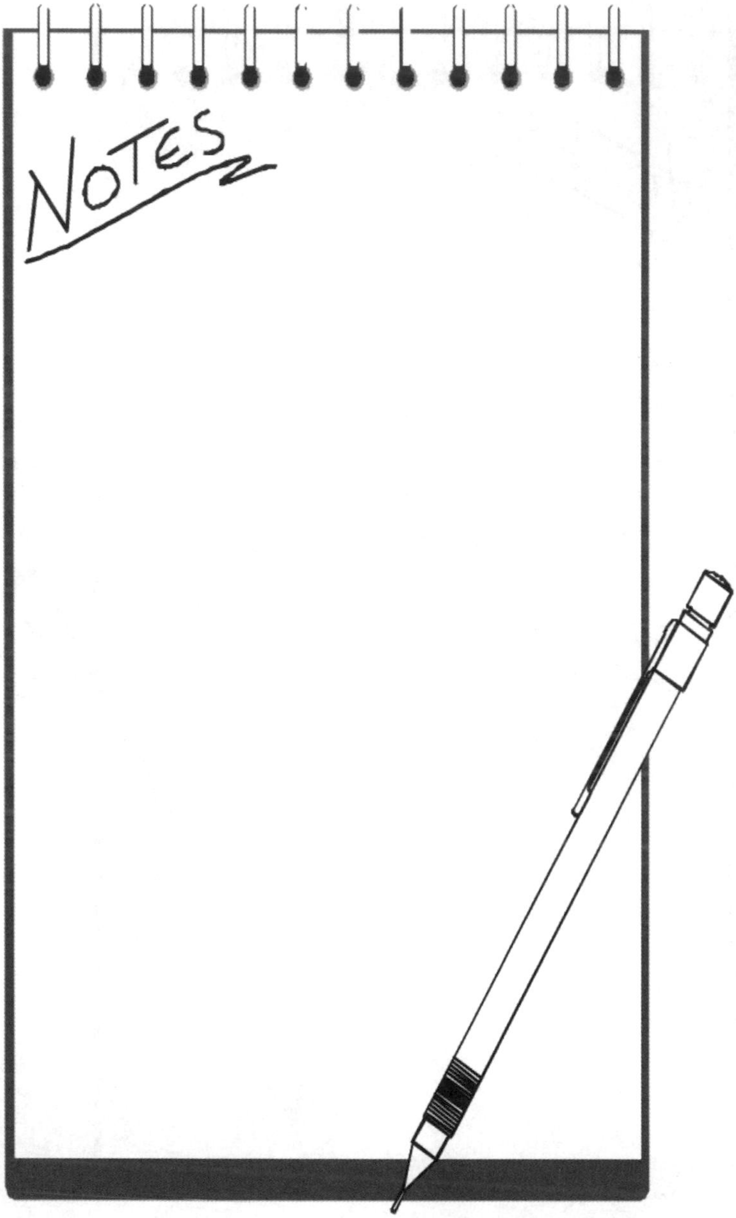
NOTES

chapter 9

如何處理團體衝突

第九章 如何處理團體衝突

我們都曾經歷過自己內在，或與他人，或與團體，或是團體間的衝突。協同教學團隊必須對衝突的動態有某種程度的熟悉，才能有效率地應付團體本身或與學生團體間的衝突。圖9.1舉出一些衝突可能產生的結果。

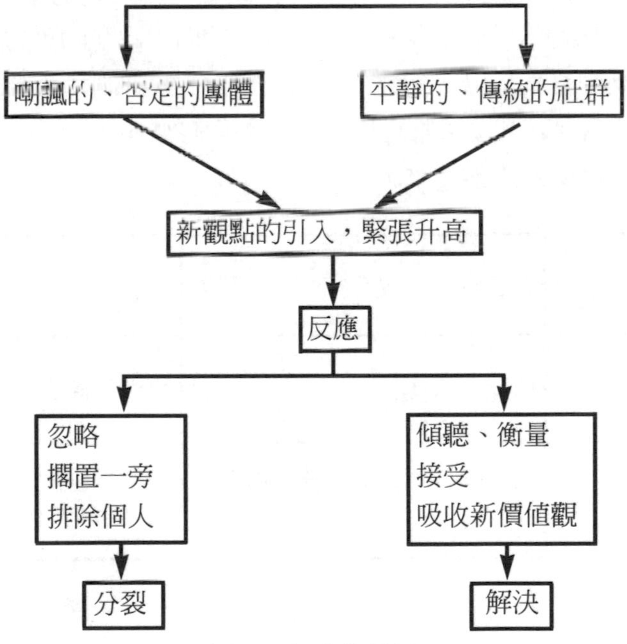

圖9.1 衝突的結果

雖然對於個人或社群持續性地持有的負面觀點會挑起緊張的氣氛，其中譏諷的言詞可能會阻礙團體的成長，但如果僅有溫和的觀點，沒有一點批判精神的話，也許不會產生不愉快與挑戰性，但會導致團體的萎縮與貧乏。衝突可以帶來新的觀點，而新的意見可以為團體帶來豐富與成長，這在政治、商業、教育上都是事實，這是為何協同教學是如此有效率的一個主要因素。

如果衝突處理適當的話，團體內或是學生間的衝突可以刺激出更融洽的關係，透過澄清、溝通、移情、互動、整合、價值觀的協調和多元性的觀點，可以使團體成長且更有創造力。如果處理不當，衝突可能導致心胸的封閉、產生敵意、攻擊性、自我中心、排斥與停滯，繼而破壞社群的和諧。

根據佛洛伊德的說法，衝突源自於個人內在的壓力，本我的衝動受到父母與社會（也就是超我）的抑制，企圖以理性（也就是自我）來維護自我的決定權與控制權。圖9.2列出了這三個面向的衝突來源：

超我 superego	外部壓力：教育、法律、習俗	應然的圖像
自我 ego	經驗 / 判斷	實然的圖像
本我 id	內部壓力：心情、基本需求、本能	主觀：「我自己」的觀點

圖9.2 衝突的來源

一個人的「觀點」，是由各式各樣的力量塑造而成的，建立出個人價值層次，並影響一個人的決定。

當個人在脈絡中看待一個價值而做決定，這個價值往往會因為不同的角度而塗上不同的色彩，進而產生個人內在的衝突。例如，在選擇一個職業時，我可能會考慮我的才能、興趣、經濟、家庭的傳統與支持。芭蕾舞可能是對我個人很有吸引力的職業，但是我有多少把握可以作好它呢？如果我沒有去嘗試，我會不會永遠都感覺到挫敗呢？我如何澄清與排出價值的優先順序？如何把這些價值整合？

外部衝突來自如：時間、朋友、工作也都會造成壓力。教育與文化可能會與過去學習的經驗相衝突，產生一種錯誤的罪惡感。例如，經由經驗，我知道我每天都需要八個小時的睡眠，但我卻一直被訓練每天工作十四個小時，如果我沒有這麼做的話，我會覺得我很懶惰而感到羞恥。

基本的個人需要（安全感－休憩、食物－情慾、被接受、融合與成長）或心情（沮喪、高興、生氣、害怕、妒忌與希望）會使一個人偏向於某一方面，但是自我（一個人的自我形象，判斷最終甚麼對自己與對他人都有利）會激勵個人朝向超我的價值：給予幫助，實行規範。

衝突並非只有在好與壞之間，它常常存在於各種真實價值之間。在區分有無價值和建立出相對的重要價值上，敏銳的識別力是很重要的（爭論瑣碎的價值，可能是浪費時間與精力的）。

無法解決重要的衝突可能會導致氣憤、沮喪、精神官能症和其他的心理疾病。

每個處於衝突中的人，都會藉由閱讀、詢問、找尋支持自己觀點的朋友來加強他的論點。價值的「表達」可能變成比價值本身更重要（它是事情的準則）。想贏的渴望可能會讓一個人失去對基本議題洞悉的能力。

每個人看到的都只是別人一部分的觀點，在團體中，一個派別的成員在他們自己的群體中，說了很多關於其他人的事，卻完全不和對立的人溝通。當他們對越多同意自己意見的人訴說他們的理念，也就越沒有意願對不同意他們的人說。每一方的人都說「他們關起他們的心門，他們不想被挑戰，他們沒有看到對話的價值。」

以下是溝通不良可預見的結果：

1. 爆發：產生破裂、革命或是敵意。

2. 壓制：

（1） 分裂或排斥：雙方各走各的路。

（2） 某一方勝利，另一方放棄，但在這種情況下，有些價值可能會遺失。

（3） 團體可能共存或相互容忍，卻無法形成和諧的社群。

3. 幾種可能的解決方式：

（1）妥協和解。每一方都犧牲一點，但這並非最理想的解決方式。

（2）發現眞正的價值與他人的權力。

（3）融合雙方的價值。

（4）創造，一起建立新的結構。

一個有領導者的團體如何找到最佳解決衝突的方式呢？

1. 跳出本身的立場：穿上別人的鞋子，感受別人的想法，試著去看看與感覺別人在做些甚麼，運用角色扮演、轉換立場。

2. 表白、揭示：了解實際的議題，詢問「你需要甚麼？」「目前你遭遇甚麼樣的壓力？」「你重視的是甚麼？」「你害怕的是甚麼？」「你認爲眞正的問題是甚麼？」領導者要傾聽到最後，重複他們的問題以代表能深刻了解他們的想法與感受，邀請其他人一同來澄清他們的意思。

3. 同情的理解：以文字或符號來表達你能夠感受到他人的感受。試圖建立溝通管道，如透過第三者、寫出解釋、在衝突之外分享經驗（例如野餐），分擔責任、甚至分享衝突雙方共同的敵人。

4. 目標設定。在討論如何最有效率的達到目標前，所有的行動都應該指向同一個方向。

5. 立約承諾：如果有人準備要出走，請表達你的觀點、需要、壓力、恐懼與價值觀。

6. 如果另一方不願傾聽或沒有同情的理解，請繼續等待，不要放棄。

中介者或領導者若想要促進跳出本身立場、表白、同情的理解、目標設定及立約承諾，他或她必須：

1. 同時看到正反兩面，衡量每一邊的價值與限制。

2. 可以有效率的溝通：清楚的，不帶威脅的。

3. 創造一種相互接受的氣氛，透過：

（1）時間的感覺-不疾不徐、不強迫、建立信任。

（2）幽默的感覺-雙方都使用一些以兒童為訴求的遊戲或笑話。

4. 耐心的聽與說，強調雙方積極的觀點。

5. 指出雙方興趣重疊的部分，這樣可以達到價值的融合。

6. 訴諸創造力、發現力和挑戰。

7. 建立對話的機制，讓對立的雙方能夠彼此直接交談。

8. 大家在一起遊戲與工作，加深彼此的信任。

9. 鼓勵所有人認同分裂處理的過程與政策。

培養這些技巧可以減輕摩擦，能夠使大家更熱忱的在一起工作。

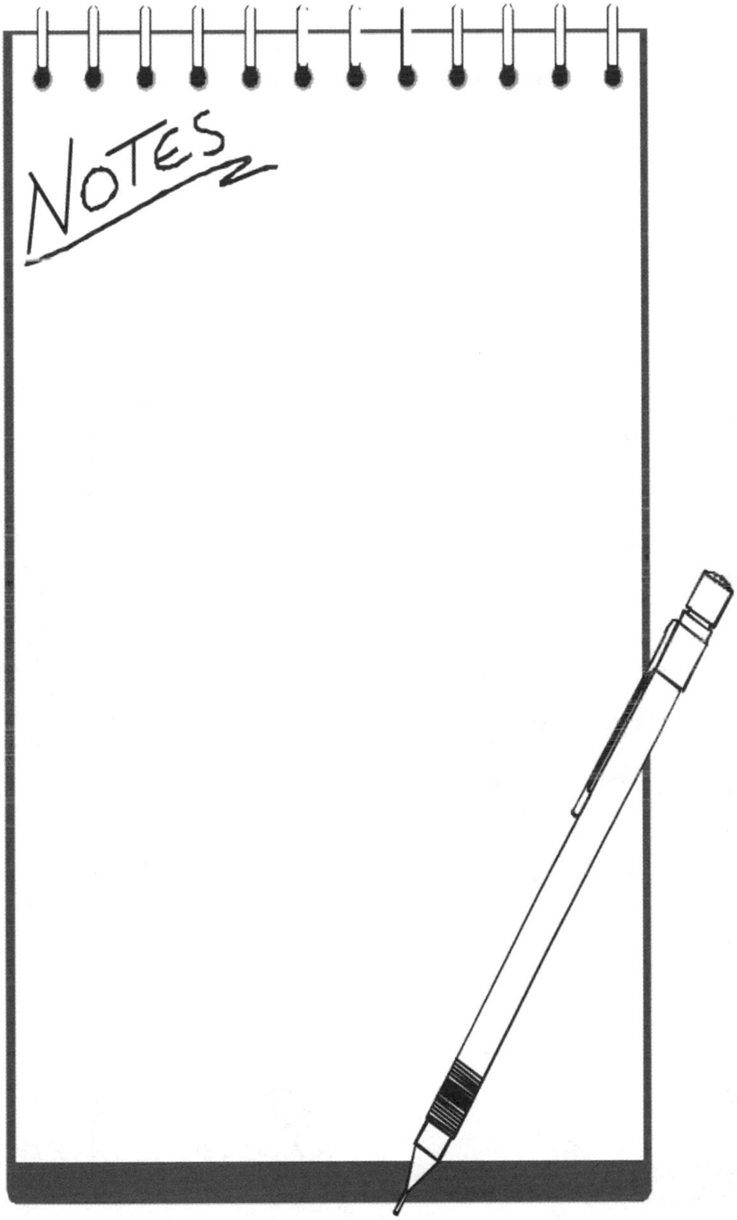
NOTES

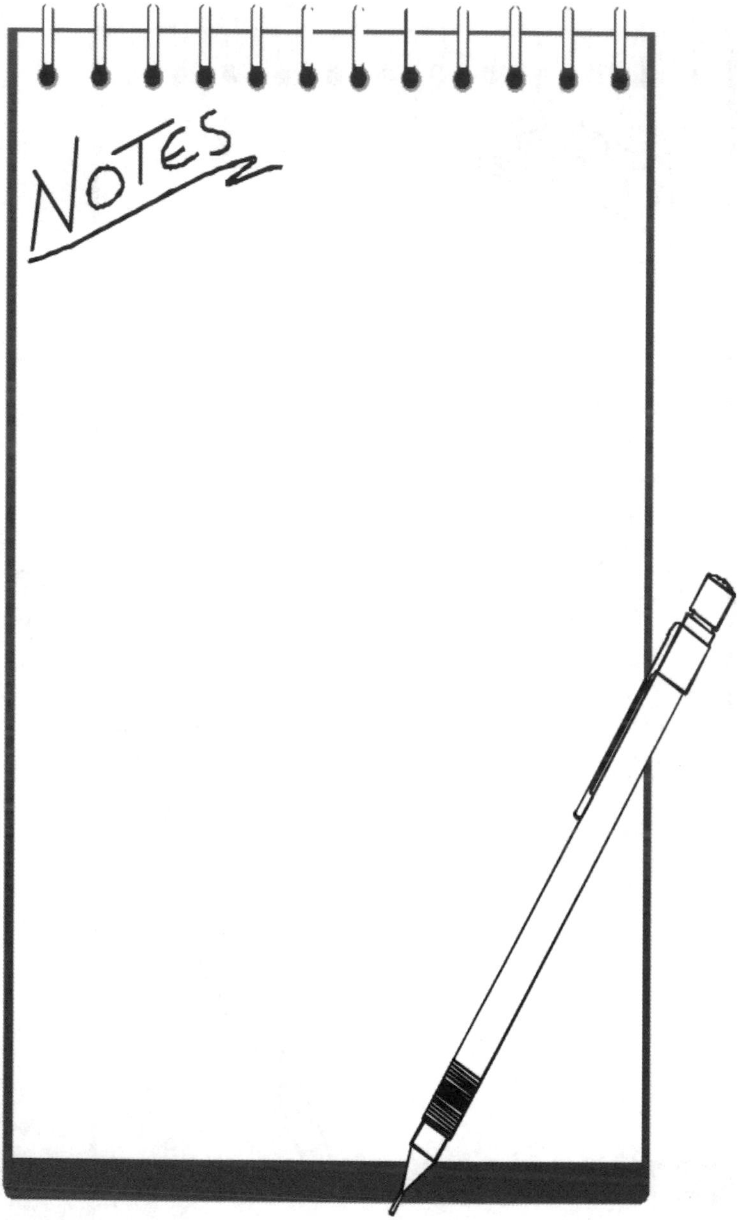
NOTES

chapter 10

如何培訓一個小組

- 教育的背景
- 在職教育
- 研討會及其他訓練
- 時間管理
- 講課及討論
- 道德

第十章 如何培訓一個小組

在第三章已做過協同教學計畫初步的觀念介紹，然而只要計畫仍在進行，就應該持續增強訓練的工作；經由不斷試驗、評估並加以重新設計的程序，能讓協同教學的教師了解到任務的複雜性。

教育的背景

美國州政府的法令規定，教授大學層級以下的教師必須具有理論或是實務上的教學相關背景，因此，他們在課程的設計跟教學方法等方面，較被大家所接受。

很諷刺的，反倒是大學教授卻沒有這個優勢，他們通常只帶著他們領域內的知識進入教室，並且以他們國小、國中、高中老師的教學方法來教學生。幸運的話，他們能有個優良的教學榜樣可以學習，反之，僅懂得減少犯錯的次數，卻沒有慎重地思考教學要旨、學生學習模式及如何幫助學生有效學習的問題。然而，經驗強迫他們去處理

這些問題，幾年下來，他們才慢慢學到眞正的教學工作。

新上任的老師試著去仿效他們在大學或研究所觀察到的教學，有時他們會借用、模仿或採用同事的教學大綱。在某些系所，他們可能會找到良師益友，但是他們仍缺乏在當老師這方面的專業訓練，大部分的大學仍會讓他們保有自己的教學方法。

在職教育（In-Service Education）

教學團隊提供一個完美的機會來彌補教學者教育上的缺陷，資深的教師與年輕的教師一起討論教育的核心問題－如何教學和教學的意涵爲何，並不是純粹理論上的探究，而是處在一個教導學生如何學會某項課題的思考脈絡中，進而使他們學會必要的知識及精熟教學技巧，發展應有的教學態度與價值觀。這方法整體而言是相當務實的，同時也是成人最佳的學習方法。

此外，教學團隊的成員提供更多認知心理學上的強烈動機，以及如何使用及評價不同的教學方式；團隊裡的教師不需要修這些特殊領域的課，當他們討論教學目標與方法時，成員希望在討論中做有意義的貢獻，這意味著他們必須做些家庭作業，且對發展心理學、溝通藝術、教學技巧及教育科技更加瞭解。這是一種自我訓練的方式，比正式訓練更能提供機會去學習或回想多樣的「交易把

戲」：眼神的接觸、在教室的走動、有效的使用麥克風、視聽設備的使用、出席記錄的掌握、把重要資訊張貼起來（而非是口頭上的命令指揮）。

好的教學大綱並不是憑空產生的，是經由教學團隊不斷地設計修改而來的，才使它成為他們想要達成的形式；當他們討論內容的組織順序、指定與推薦讀物的選擇、考試的時間及形式、視聽工具的使用以協助講授、及小團體討論的使用頻率和焦點時，協同教學成員將會彼此影響，進而潛移默化地成為一個好的老師。

學習活動的選擇將會引發出團隊成員未檢測的迷思和經驗。特殊測驗、個案研究、田野調查、引導研究、討論團隊、競賽及學生辯論形式、戲劇形式或錄影形式的報告...等學習活動的優點，皆可在訓練過程中，藉由實際教學裡的小組評論一一被探究出來。

協同教學在評定學生成績的過程中存有一個特殊問題：能受到一位教師欣賞其創意的創作，也許對另一位教師而言完全是不切題的，經驗告訴我們，在評定學生作業時，老師們的評量或許會有一個等級以上的差距。那麼，我們應該怎麼做呢？

平均調和不同的分數或許會是一個權宜的措施。可安排第三位讀者來評斷，而且如此一來兩個相近分數間的不同點也會被區隔出來。再者，教師們也可以討論他們的給分理由，來獲得其他教師的支持，此外，最有效的方式是安排給分的訓練，這將會使給分較客觀和有脈絡可循。對協同教學而言，這類的訓練是最基本的，至少是在給分數之前。

研討會及其他訓練

有時，教學團隊會感到有需要藉由特定的研討會來補充他們個人的研究，以助於整個團隊，有些研討會也許關注於教授的學科，有些則可能提出學習與教學過程、給分及紀律的要素，或者是有些可以提供對學生在心理學和社會學上的分析，帶出大家一時沒有知覺到的問題，這些都是比訓練性活動更必須的東西，對團隊成員及其他同儕都具有價值。

最有利的研討會是在暑假期間舉辦，這或許是超出學校預算之外，但是非經常性的研討會可以在當年就事先安排好。最好的研討會時間安排不只是配合外聘專家學者，也要配合當地教師的時間，讓他們也能向大家分享本身的經驗和心得，甚至去嘗試新的教學方法。此外亦利用錄音或錄影教學實況的方式，讓每一個人有機會來評論或建議而使表現能夠更好。

關於協同教學，有許多各種主題的訓練錄影帶和CD-ROM，包括溝通、解決衝突、改變管理方法、激發創造力與動機、持續性的自我改進、動機、多媒體的使用、時間及壓力管理，研討會皆可以提供全盤性的專業準備。

其他的訓練或許會將焦點直接放在教學團隊上，對於訓練的滿意度會在團隊評價他自己的工作時浮現出

來，團隊研討會有時也會邀請協調溝通者，請他們提供更多在會議上時間分配的建議，教育專家亦會訓練團隊懂得如何利用自己的長處並彌補其弱點。

教學計畫會議的召開次數及開會長度反映教師及學生的學習成果。任何一種有深度的討論都是需要花費大量的時間，無法在一次會議中完成；在外聘專家的安排上，通常是最花精神的，然而，這樣的結果卻常常是值得的。只有達到再一次穩定的合作，不然，團隊互動仍是流於表面，也無法發揮團隊合作的最大效用。

教學計畫會議時最主要的核心是什麼呢？學習成果、教學大綱、教學內容、教學風格、評量、評分、動機、原則、行政支持、協同成員的參與。這是依據各團隊的主題來決定。

參與教學團隊本身也是一種訓練的形式：腦力激盪、學會聆聽、提供建議而非施加壓力、獎勵、支持其他人的意見、保有同理心。透過訓練可以學習到很多的美德，特別是謙遜、耐心及親切。有些團隊會有顧問來協助教師處理學生的事情，甚至是改善團隊間的互動，當教師自己經歷互動技巧的建立過程，他們將會更快速地將其應用在實際教學中。

像其他生產或行銷團隊的目標一樣，教學團隊的目標是去完成一項任務，不只是形成一個社群。然而，緊密的人際關係和團隊精神的建立、互動技巧的學習、相互信賴感的形成，皆可以促使小組任務的達成。有些團體喜歡較親密的關係，有些則否；這完全視團體成員的選擇而定，團隊成員不一定都要變成好朋友，但是，每個團隊都必須發展出自己的一套風格，對某些團隊而言，建立社群的原則訓練能對此點有幫助。

教學團隊成員藉由在課堂中觀察彼此的行為而進行學習，如果在課堂後團隊仍有聚會且能提出當中好的教學方法和理由，這將會增強這種在職訓練的效果。有些團隊有錄製講授及討論情形的錄影帶，使教師可以觀察到他們自己的行為。這錄影帶可以私底下或在會議上重複觀賞，但僅限於在建立基本的友情後。

協同教學可以利用實習式的課程來訓練教師，實習生在第一年可以安排責任較輕的教學任務，使他們有時間去參與其他課堂、協同教學團隊及系所的活動，以及和其他團隊成員發展緊密的私下交流。透過自我沉思及反省的過程，他們知道自己和其他人的優點及弱點，而且學會如何有架構地呈現一個議題。

訓練可以幫助協同教學教師能更有效地激發、指導及監督學生們在個別研究上的努力，團隊工作的優點之一是可以提供比固定教學大綱更多的空間。雖然不同的教師可能與學生建立不同的和諧關係，但是整個團隊可以提議研究與出版的實現可能，這是光靠學生無法完成的。學生也將會具有更多的自主性及責任感。

時間管理

訓練可以幫助教師建立較好的時間管理，這對於所有的教師來說都是有益的，尤其是對協同教學團隊的教師來說，因爲團隊工作常常在不知不覺中花費很多的時間。此外，這些技巧也可在課堂中應用，譬如：把長時段的時間打散成片段的時間。聰明的教師知道如何改變學習步調來保持學生的注意力，只要教師能熟悉學習步調的掌握，他們就可以傳授給學生。

具有好的時間管理技能，教學團隊成員甚至可以在短短「五分鐘」的講授時間中，成功地完成教學，而且結果會比他們原先所預期的還要更好。或者他們也可以利用測驗來找出哪部分學生覺得最清楚、最重要或是仍不清楚的部分，額外的時間可以用來討論學生的作業及其他主題，或是詢問學生對於上課方式的建議。

講課及討論

訓練可以提高每一種教學方法的成效。透過訓練教學團隊可以有更高品質的授課技能，包括能更靈活運用多種視聽媒體，能搭配上口頭的解說，指引學生要看什麼、要聽什麼、如何做筆記，並加上他們個人關鍵思想的組織結構，尤其是議題上的應用，使其教學更具個人風格與特色。

另一方面透過訓練也可以改善討論小組參與度及焦點集中的技巧。大部分的學生由組織想法並從文字表達中受惠，討論的領導者可以被訓練去鼓勵所有學生參與對話，且非常仔細地聆聽他人的想法，並試著以其他方式陳述他人論點，從中學習找出別人談話中的重點，並且去證實與評論。

在聆聽討論的過程中，教師可以找出學生已經習得的部分，及下一次教學應改進的方向。教師可以找出刺激學生及使學生麻木的因素，他們也可以發現有意義的方式來改善原本僵化的課程，來適應某種特定的學生團體。

訓練也可以包括教學團隊成員在一般教職員會議上，呈現本身的經驗和一些教學方法的優缺點，也可以將教職員劃分爲幾個討論小組，以便能透徹地檢視問題，找出原因，並從其他教師身上獲得回饋。此外，會議記錄應該被保留下來，以用來強調所有意見的重要性，透過這樣的過程，許多新的體悟將會被啓發，熱情也會增長，其他人也會主動來參與協同教學。學術團體的定期刊物及時事通訊也可以把這些新發現分享給廣大的觀衆。

另外，有一種訓練方式是參訪其他教師的課堂，無論是不是教學團隊成員的課。他們可藉由觀察、記錄新的方法並試著實際演練，如此一來，學習就不僅僅限於學校本身，而可以拓展到其他部分。這種訓練提供教師在評鑑教學時應該檢視什麼及如何去評鑑教學。

學校外的大型研討會也提供機會來認識其他的專業，教師可以向團隊成員或系上同事分享他們的發現和心得。

道德

在體驗一個新的教學方法時，道德扮演重要的因素。如同西方電子公司在山楂樹上的發現，事實上任何工作情形的改變都會產生些許的熱忱，工人把每日例行事務上的改變視爲管理階層警告的標記，然而，這並無法證明這項改變是否產生實質上的功效，證據只有在最初的熱忱慢慢消退後才會看見。爲了維持精力不斷地提高，管理階級必須不斷提供利益與資助的訊號。

在協同教學上也是如此，在剛開始體驗新教學方式時的熱忱，要讓教師能跨越接受同儕批評的障礙，但是教學團隊成員必須很快地找到並理解對於教師和學生都有益的結果。行政人員也可以定期性的留意教學團隊未來的教學計畫，這會建立一種成就感及健全的自我滿足感。

教學團隊成員的輪流替換而造成無論是因爲普通的摩擦或是因爲管理者的安排，都必須進行訓練。初期的團隊藉由其它團隊或是自己本身的經驗來充實自己，新的團員則必須被帶上進度，他們需要一些方向來進入狀況。

從科內的協同轉變到跨科的協同教學這個過程是值得注意的。對於一群教授相同課程的教授而言，在有限的範圍內達成協議，並進行非正式的合作是相對上容易的事，然而，與不同科系的教師一起工作，這種合作卻會顯得更加複雜，唯有藉由事前適當的計畫及持續的訓練才能使這種合作變得容易且單純。

教學團隊成員偶爾也會與其他不同的團隊或部門成員，一起討論他們已學習或即將要參與的計畫。如此一來，會使得協同教學從科內轉移到跨科系這個歷程來得容易些。

當教學團隊做決定的時候，應該是一種重要的訓練時機，這將會在下一個章節中作介紹。

評鑑是達到不斷進步的一個要素，評鑑本身即是一種透過反應、批評、計畫性改變的訓練方式。這整個評定的過程會在第十二章中加以介紹。

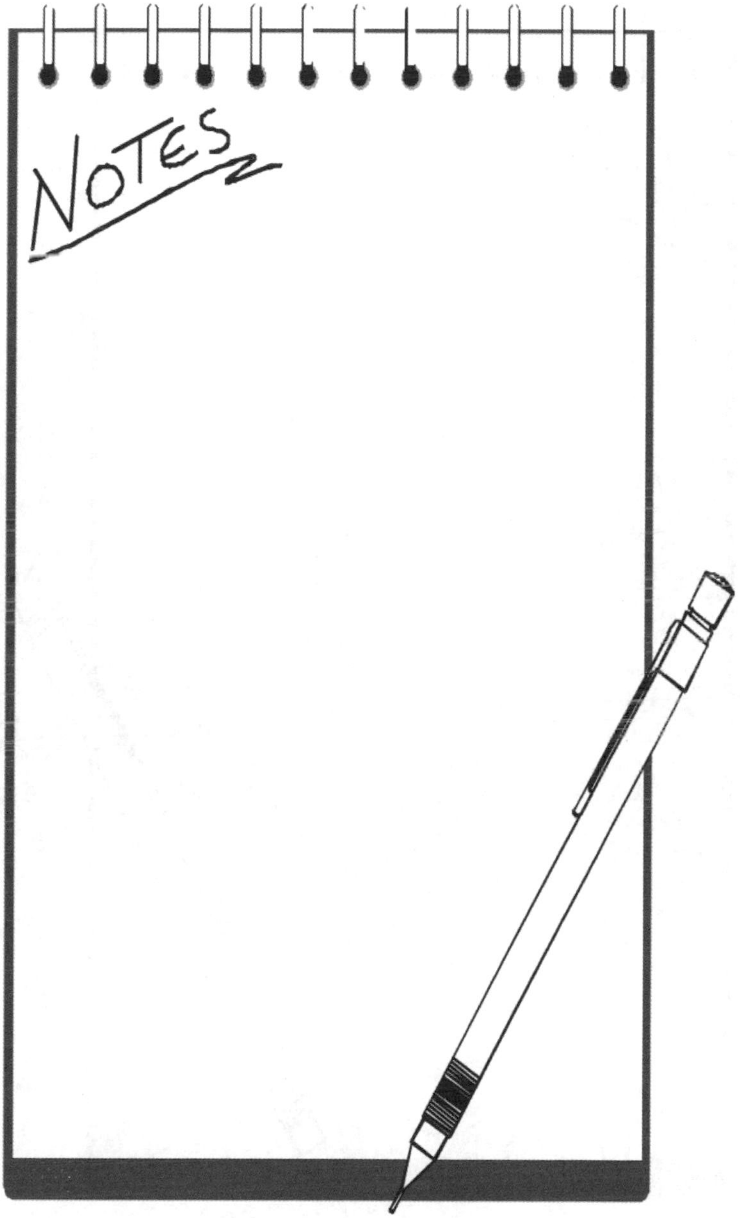
NOTES

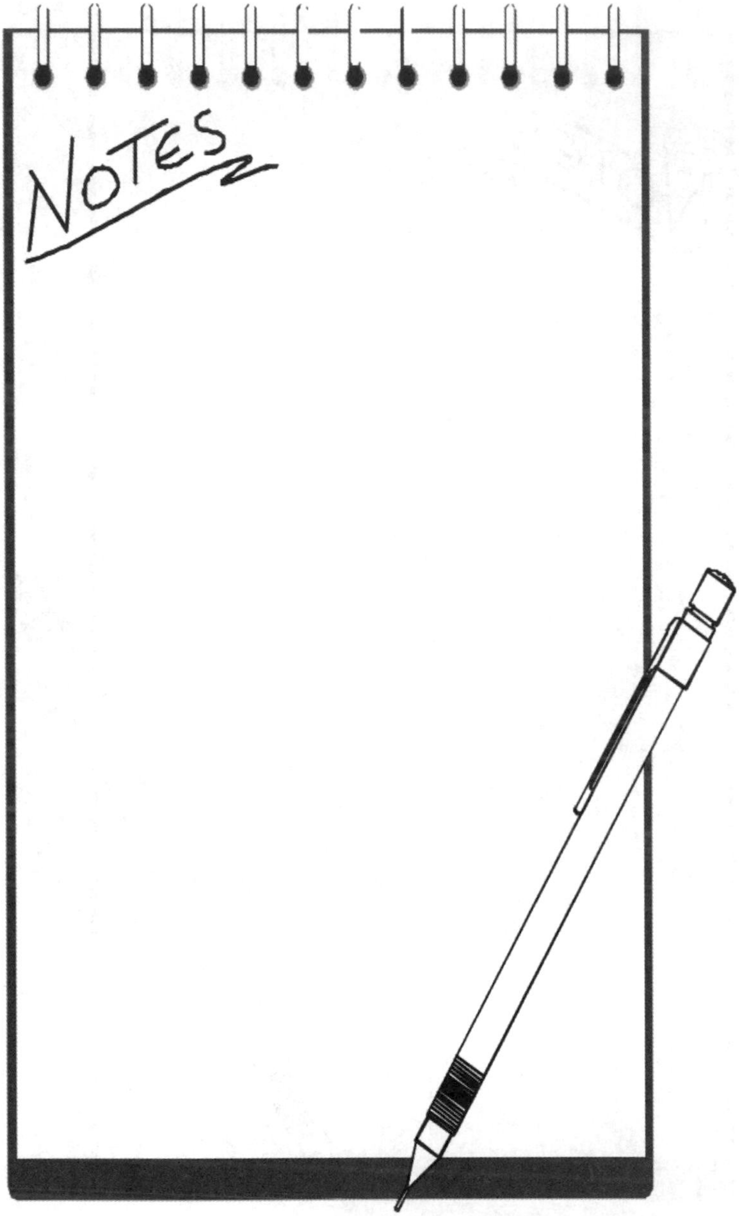
NOTES

chapter 11

教學團隊該如何做決定

- 做決定的風格
- 系統性分析法
- 客觀性
- 主觀性

第十一章
教學團隊該如何做決定

所有與協同教學有關的議題都與「做決定」有關，諸如：成員的選擇、教學大綱的準備預期的學習成果、教學風格、評鑑、計分的方式，此外，還包括在學期中課程進行前和進行中，開會的頻率、內容和管理等，都需要「做決定」。即便是只有兩個教師參與一學期的課程，協同教學是否成功，關鍵點仍在於他們能否相互討論、計畫課程。無疑地，教學團隊成員的個性和教學風格必然不盡相同，可能各自有不同的教育哲學觀點，對學生有不同的期待，也可能是彼此年齡、性別或文化背景不同。如果教學團隊要運作得宜，成員必定要有做決定的溝通及合作原則的基本共識。

做決定的風格

做決定的方式有三種：強行決定、彼此折衷或是相互統整。強行決定（贏或輸）可能會導致失敗一方心生怨恨，因爲結果必是一方勝、一方妥協；彼此折衷可能會導致重要的

意見或價值遺漏，因爲任何一方皆得到一些也失去了一些；相較而言，統整是最理想的方法，因爲雙方都是贏家；但並非總是可行。

做決定的刺激可能來自於上位者、次要地位者、同儕，或者是個人的決定，而往往內在刺激是最具創造性的，它也是協同教學中最具價值的部份，因爲最有可能因此產生眞實的統整。

系統性分析法

協同計畫向來以人員、金錢、職位、時間和硬體設備爲討論的核心。系統性分析法會降低一個人在壓力的狀況下匆忙做決定的可能性，所謂系統即是易於了解與遵循的步驟，如果小組能考量問題的各個面向，並與每個人都能互相交換意見，相信最後的結果將能被大衆接受與實現的。

以下說明系統性分析法的思考程序：

1. 確認問題及其影響因素。
2. 蒐集相關資訊。
3. 盡量以腦力激盪方式尋求解答。
4. 研擬可行或成功的解決方案。
5. 檢驗各解決方案和預想未來可能產生的結果。
6. 發展行動計畫。
7. 執行計畫。
8. 評估結果或是重新設計計畫。

上述問題解決系統與在第三章所提到系統很相似。某些系統在面臨較嚴重或是複雜的問題時，格外具有價值性。除非所做決定是有關連或可行的；時機是正確的，還有，除非教學團隊有權威來做決定，否則浪費時間和精力在做決定上是無用的。

客觀性

在做決定過程中可能會包括許多主觀性的因素，因爲團隊成員大都是站在個人立場來進行分析和決策決定。其實，教學團隊應該試著回憶過去的印象，和在客觀性討論中所有相關連的議題，如此可以幫助他們檢視問題眞正重要的部分，也可以憑藉一些印象，來重新檢視他們可能忽略掉的因素，或避免陷入瑣碎的部分。

達到客觀性還有一些技巧，一是去想像一個外聘顧問可能會建議的忠告，無論是這顧問是否爲這領域的專家；二是想像團隊成員，可能給其他面臨類似問題的人什麼樣的建議；三是想像一個專業評鑑團隊如何來評鑑此團隊的決定；最後，也可以想像對手們會如何做整體性或局部性的抨擊，此時，可由某成員扮演『惡魔的擁護者』，以便能充分代表另一立場強而有力的論述。

在這種情況下，還有誰可以提出公正的觀點呢？行政人員、父母、學生、政治人物又會如何看待這件事呢？對一個身處不同歷史、專業、文化的人又會如何看待呢？

主觀性

試著將個人感情放入考量，例如：想像學生對此決定會有何種感覺，該方案又如何符合他的價值觀和想法呢？如果想要成功，教學團隊成員應該還要預測學生們可能會有的回應和瞭解他們的情緒反應。此外，教師也必須告訴學生們這個解決方法可以對他們產生如何的幫助，改善學習和士氣，去除不重要的教材而將焦點放在重要的部分。長期來看，這樣的做法可節省不少時間及精力。

除此之外，回想過去解決問題的成功案例或以往面對過的挑戰是有相當助益的。教學團隊可以比較在其他文化、學校，甚至是其他領域的專業中，面臨到的類似情形，可以避免在同一處或其他處犯相同的錯誤。

另外，將大問題打散成小問題，並從最簡單的問題開始，一步步地將問題逐一解決，也是可行的方法。成員可審慎思量如何把問題單純化，或忽略，或替換，或取代某些元素。此方法可以讓團隊揭開一個涉及時間、地點、材料、技術、人、技巧、活動或失敗的重要形式。

如果教職員有較強烈的興趣或動機，或是曾接受較好的訓練，研擬出的解決方法將會更有可能實現，然而，有誰能從旁協助呢？或許團隊應該與持反

面意見的教師相互討論，協商出一個最有可能的解決之道。

此外，也可根據成員們的教學技巧、興趣與個人教學風格，來分配工作和安排任務，將他們所需要的資源如時間、資訊、金錢、設備及資源等按順序依序列出，然後找出最適切的排列，拼湊出循序漸進的行動計畫。

簡而言之，盡可能地將會影響決策過程的因素一一描述出來，是一件重要的事：

1．教學團隊成員的目標與價值，意識與潛意識。
2．其他不同團體主張的演變（學生、行政人員、父母親、政府）。
3．金錢、時間、建築物及規則的限制。

教學團隊並不是在真空的狀態中作決定。學校，就像人的身體一樣，是由多樣的連結系統或網絡所組織而成，彼此間相互依賴，就如同體內的循環系統、呼吸系統、消化系統、生產系統和溫度調節系統一樣，彼此間是相互影響以維持身體的健康；同儕、學生、行政人員、支持的幕僚、校友、父母、甚至和校外的組織彼此合作，在特定時間、地點、資源的條件下，產生最高品質的教育，所有的團體皆可享受其結果的合理利益，特別是當在課堂中所做決定，影響整個學校工作網路時。總之，他們會想要參與影響教育實施的決定。

會受決定結果影響的人應該要參與討論的過程，同樣地，一旦結果決定，他們就應當被告知。無論如何，在決策有結果後，都應該給予他們一個合理的報告說明，告知他們這結果會被檢驗，必要時也會被修正，這是對每一個有關連的人應有的尊重，其中包含了善意，同時也降低反對的聲浪。

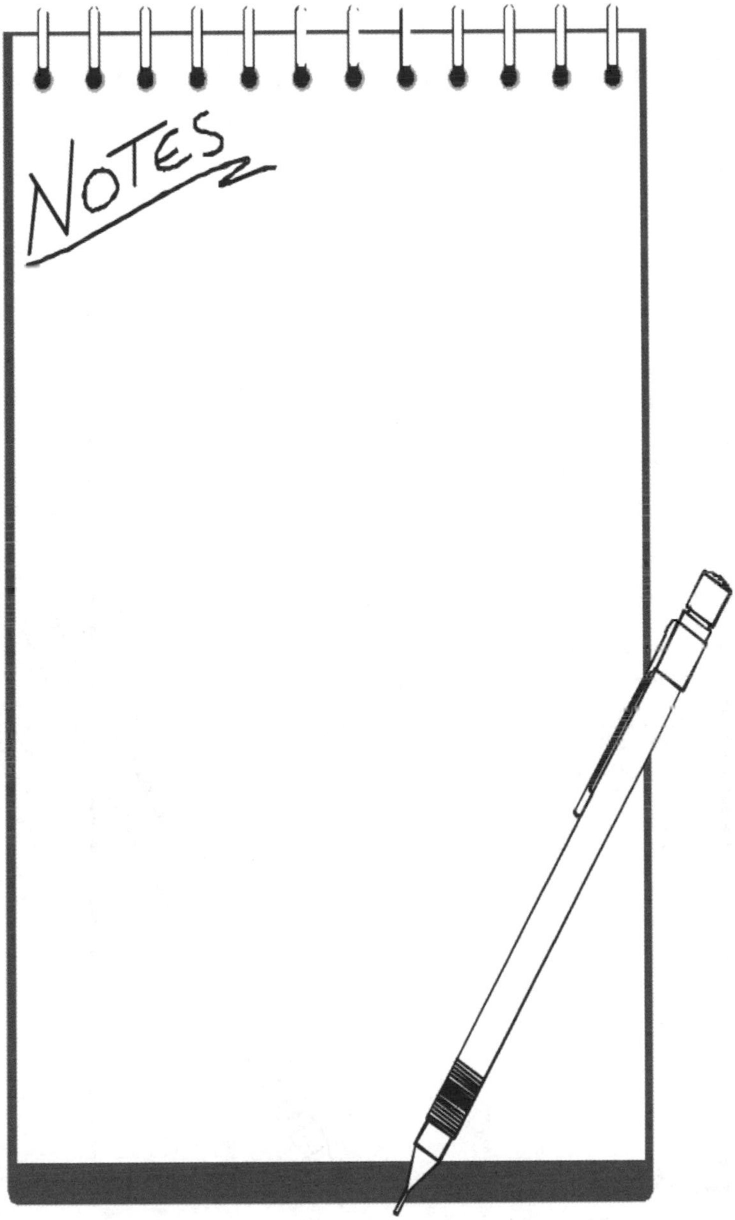
NOTES

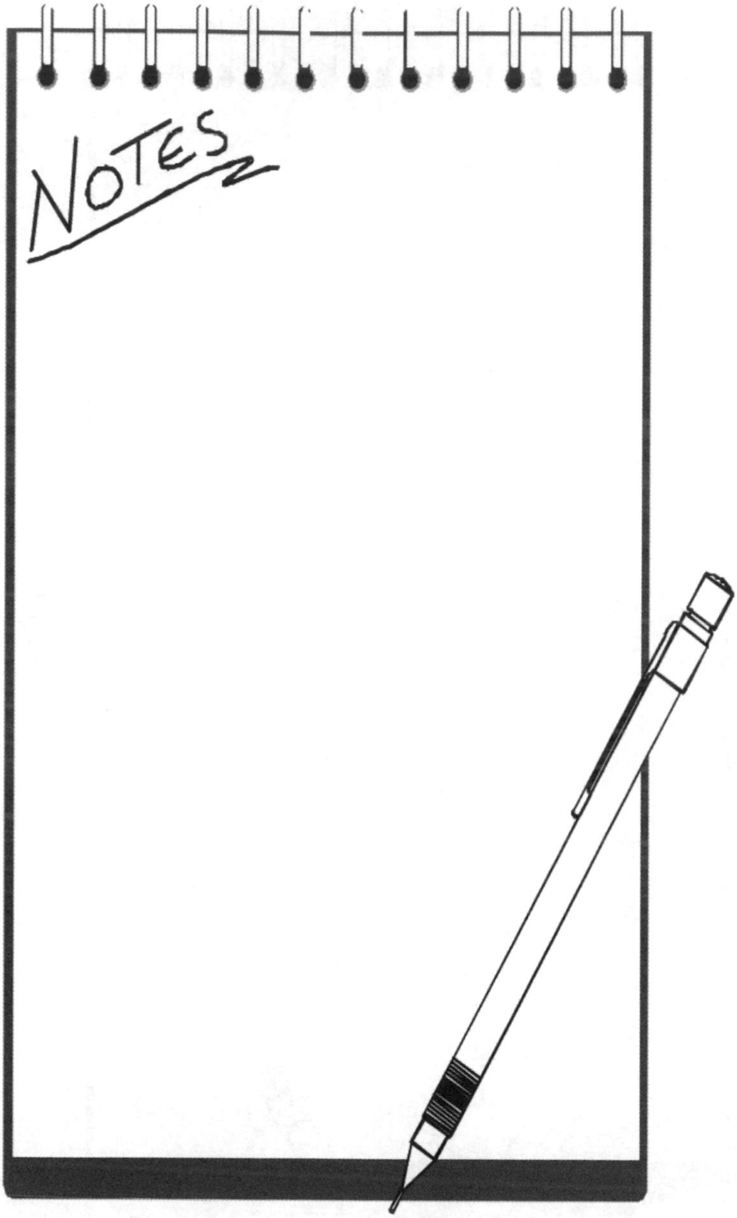
NOTES

第四部分
評鑑與支持

chapter 12

如何評鑑團隊

- 評鑑協同教學對學生的影響
- 評鑑協同教學對教學團隊本身的影響
- 由學生、教師和行政人員進行的評鑑
- 比較評鑑

第十二章
如何評鑑團隊
（How to Evaluate the Team）

評鑑協同教學是綜合大學自我監督總體策略的一部份，而認證機構也要求大學不斷地進行各方面的評估，包含教學、學習、募集資金、學生服務和管理。舉例來說：管理委員會對校長進行評鑑，而校長評鑑副校長的工作，其他相關階層依此類推、分層評鑑，以確保大學的狀況良好、專業社群的學術標準和國家以及世界的最終利益。

在當代文化中，各大學為了學生及創辦補助金而互相競爭，大學必須提出具有成本效益的優質教育證據。為此，學校不但要有清楚的宗旨和長、中、短程目標，還必須清楚訂出達成的時間表，同時為了要知道計畫實踐的狀況，還必須從事某些形式的自我研究。

在大學裡，評鑑是檢測學生、教職員和社會整體受到多少大學教育影響的建構過程。這涉及到有系統的搜集和傳播資訊，然後賦予合理的評估和判斷。分析出該方案的優缺點何在？能夠如何改進而獲得提升？評判成功的標準是什麼？能夠如何被測量？如何詮釋結果？如何用評估結果他們來加速改

變？理事會、管理人、教職員工、學生、父母、校友和社會中學術界的代表，都有權利獲得這些問題的答案。

因此，評鑑不只是與他人競爭以得到注意和資源的一種活動，這是一種普遍授權給大學完成任務及透過最好的方法達到目標的計畫。

評鑑能夠經由各種方法進行，例如特別小組或者常設委員會的設立及多種不同類型的調查以及讓所有部門解釋自我評鑑的工作坊等。學生、教職員工和管理行政機構都必須包含在內，因爲過程將會導致一個影響整個大學生活的決定。

協同教學的評鑑集中於兩個領域：教學方法對學生和對教師的影響。這兩個領域的評鑑結果不同但彼此相互關聯。

評鑑協同教學對學生的影響

市面上有大量探討協同教學的文章，但以科學探究來衡量協同教學對學生學習成效的並不多。因爲學生無法說明在協同教學中他們被教導的情境脈絡，所以很難做變項的控制。多數人會以偏見來贊同這些實驗，如果想要獲得肯定，另外還有衆多複雜的因素交織其中，包括教師個性和教學風格、使用的課程、與學生的相互作用、可用的技巧及教具和在課程中的方法變化。

然而，有意或無意及使用可靠有效的工具去測驗學生在認知、情意和行爲結果對於評量很重要的。

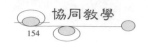

所謂認知、情意和行為上的結果如下：

1. 獲得課程內容的基礎、主題的知識及趨勢的理解。
2. 促進學科內或跨學科的洞察力和知識以刺激智力。
3. 提出此領域的主要問題，評斷從前與現在的解決方法，並激發有新創意的解決方法。
4. 能激發、挑戰和引發學生取得想要的知識、技巧、課程及學科中的價值。
5. 在學科內或跨學科方面，提昇個人的價值標準和對事物的敏感度。
6. 建立欣賞和尊重他人的態度。
7. 根植文化價值感和態度。
8. 提供成就和滿足感。
9. 刺激更多的個人整合。
10. 經由合作建立社群感。
11. 提供觀察、研究、分析、綜合、聆聽、批評和溝通的技巧，包括：

（1）在聽講和閱讀時做筆記的能力。
（2）負責任地參與團體討論的能力。
（3）有效率而清楚的說寫能力。
（4）使用必要資源及工具，解決典型或新問題的能力。
（5）在研究時，有批判分析及判斷的研究能力。
（6）使用創造性想像的能力，在統整課程與生活經驗方面。

(7) 有效參與科際間對話的能力。

(8) 有效閱讀及管理時間的能力。

達成上述成果的方法也必須被評鑑：

1. 教師以合作計畫的方式完成目標。
2. 能提供清晰、有趣味、挑戰及合適的閱讀內容。
3. 能做清晰、有趣味、挑戰及恰當的課堂講述。
4. 能提供有趣、開放和有焦點的班級討論。
5. 能提供吸引人、有挑戰性及合適的研究方案、實地參訪、報告以及論文。
6. 恰當及公平的考試。
7. 課表編排具彈性，以滿足不同科系和學院在註冊、排課、評分及學分數要求時的需要。
8. 關注研究生及教職員在課堂外的接觸。
9. 設備、硬體設施及環境，包含圖書館及網際網路。
10. 教職員從同事及學生方面，很快獲得課程目標的效益和回饋。
11. 整體的評鑑課程設計及有效程度。

目前沒有任何測量評估工具可以評量上述所有項目。事實上，許多測驗設計者去努力嘗試減少測量的因素，以免降低學生興趣。然而，每種學習經驗的要素皆應得到注意，但應該怎麼做呢？

有些課程設計出一個研究生的檔案資料，雖然以敘述形式表達，但對於企圖達成的品質應可循文看到，一如

上述所提到的要項。如果對理想的研究生只有含糊的影像，對於達成期待之成果所使用的方法，並沒有太大的幫助，因爲模糊的目標必定帶來不確定的方向。

評量課程的成果是不容易的，Hyman（1970）[註1]綜合困難之處如下：

1．學習結果的測量不易精確。事實性的知識很容易測試出來，但態度、價值觀和技巧熟練性則很難被測得。被評定得較低的等第，可能是由於許多教師控制外的因素所造成。

2．能夠精確測量的往往不是最重要的結果。

3．應該決定測量結果的時間。例如，是在課程結束後馬上測驗，或是在課程結束一個月後、或畢業兩年以後再測驗。

4．主觀的評量尺度。每個人對好的描述，極好或者完美的學習都有不同的見解，誰決定這些標準呢？

首先廣泛的意圖必須轉化成具體目標，例如：知識、態度、價值觀、技術和可被精確觀察的行爲等，而測量可以包含在課堂上教師對學生觀察、客觀測驗、論文、學生在公開出版品中或是學術研討會發表的論文、卷宗內的自我評量、以及根據外部評鑑人員或者老闆給予畢業生的評定、校友的考察或是畢業後的加薪和升遷情形。

雖然這些測量能夠量化，但並不精確，有許多元素能夠推翻結果。例如：天氣、家庭問題或者這個學生的健康和心情能夠影響在教室中的參與以及分數的獲得。任何出版的作家都知道，文章被接受與否是一個高度主觀的過程，即使審閱者的檢閱是「無目的的」，而且他們並不認識這些作家，所以說這是一個高度主觀的過程，自我評價很少公正。外部評鑑人和教授也可能經歷各式各樣個性的衝突，影響他們對其他工作的理解。此外，薪水可能反應出關係而非能力。

不同學術領域有截然不同的學習目標，而且必須透過許多不同方法測量。例如：音樂不同於生物學、數學不同於政治學、哲學不同於當代語言。每一個課程都應該有清楚的學習目標，如果把它們放入教學大綱，學生能更謹慎地進入學習過程，而且他們也知道目標是什麼以及如何達到目標。

客觀測驗常常無法精確地測量情意和技巧。教師觀點的衝突、聲音和節奏的變化、各式各樣的風格和個性、批判性思考及有禮貌的爭論的典範，以及充斥在課題間、教室間和生命間所展露的相互倚賴性和相關性，這種種所引起的刺激都是很難測量的；同時，學生們在不同規模的小組前表達自己的想法，或是他們的聆聽和討論技巧，這些行為的發展也都是很難測量的。但是，這些都是將學生導引至終身學習所必須的。

學生有權利知道什麼是他們需要做，並可以獲得學習及成長。教學團隊應該徹底討論以什麼規準及誰來給這些學生做評鑑的工作。可接受的基準如下：

大學生

A=傑出的（遠遠超越課本及講課的範圍，能將教材與生活及其他領域相連結，並將之綜合為個人的能力；有好的批判力、可做好的參考書目歸納、能有好的口頭和書寫表現，可以成為碩士候選人。）

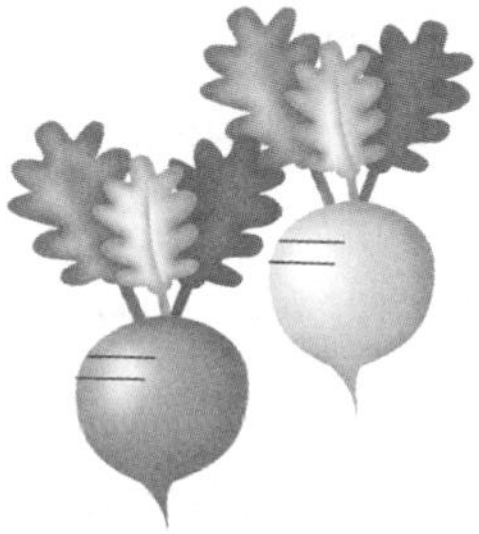

B=優秀的（徹底了解課本以及講課的範圍、能表現出批判、有好的說話及寫作技巧、可以做大學畢業生的工作。）

C=良好的（能掌握一般課文以及講課的範圍、可能犯了一些不重要的錯誤）。

D=表現無法讓人滿意。

F=失敗（該門課的表現無法被視為大學學分的一部分）。

研究生

A=傑出的（完全超越課本及講課的範圍、能將教材與生活及其他領域相連結，並綜合為個人的高階能力、表現出十分優良的批判力、良好的參考書目建檔歸納能力、優美的說話與寫作能力、文章可被出版，可以成為博士候選人）。

B=優秀的（完全超越課本及講課的範圍、表現出能將教材與生活及其他領域相連結，並將之做個人綜合的能力、表現出對於參考書目良好的批判及選擇工作、很好的口頭及書寫表現)。

C=可以獲得學位的最低標準。

F=失敗（無法獲得學位）。

研究生測試、法學院性向測驗以及法官測驗（Bar Exam-ination)、研究生入學考，以及工作記錄皆可提供一個比在其他地方較客觀的成就評價。

總之，每一個團隊都必須決定在什麼時間以什麼方式去測量要得到的了解。學生、父母、審察委員會更應該去思考

關於協同教學的效能，集中在學習的結果上、如何可以教的更好，教師應該讓教學盡可能更好。（Weimer, 1993）

行爲能夠被觀察，透過在期限以前交作業以及交出恰當格式的報告，學生表現出他們能學會聆聽和服從指示，而沒有必要以客觀測驗去測量這些技巧。如果獨立思考是我們想要的結果，它將會在課堂上由問題、爭執及創造性建議中表現出來。我們會由學生報告和班級介入的狀況，注意檢核學生能使各學科連結的能力。教學團隊的成員要決定他們如何去蒐集證據來證明學生已經習得該有的知識、技巧和價值。

評量協同教學對教學團隊本身的影響

教學團隊不只將興趣集中在讓學生學習到更多，還想要刺激自己做更好的教學，包括使他們的講課更有創造性、有更好的組織、更清楚的主題、更能強調重要的部分、更能使用視聽器材、更能讓學生透過問題、團體互動及有趣的研究方案積極地從事學習。

教師可經由教學團隊或其他成員的方法和思想，激盪出更豐富的思考。因爲成員的不同族群或性別也能接收到不一樣的挑戰，生動的計畫過程不僅能夠改進他們在教室中的表現，更能引導出新的研究和新的出版。

把班級結合起來上課，省下來的

時間可用於課程計畫、討論教學、對新的發展方向持續探索。這可確保教學大綱是與時俱進的而且可以防止厭倦。

因此，教學團隊中重複相同的講課導致精神勞累的情況會減少。在協同教學中，講課可以被其他教師打斷，並在上課前或下課後針對所教加以評論，在這種情況下，必須重新考慮概念及改變順序，這些都是在教學團隊中讓人興奮的事。

擴展靈活度，教師能夠嘗試使用不同的方法變化班級的大小、分組、上下課時間等也可以變化。更能使用專家、顧問等資源以確保教學具相關性。

在團隊中，教師力量的匯集，使得他們的弱點得以補救，專長得以彼此互補。教學經驗不足的教師，可以經由其他成員的協助及建議而獲得提昇。透過觀察優良教師他們得以提昇教導學生的能力。當成員經歷他人的耐心和協助會增加彼此信任，並建立同舟共濟的社群。

團隊中的相互信賴可減輕壓力，使負擔減半、快樂加倍。分享決策的過程能增進彼此的自信心，當教學團隊發現教學和學習的品質提昇，他們的自尊及愉快就會成長，士氣得以保持並再度得到鼓舞。

所有這些因素應該用一些方法測量，量化結果也許無法精確，但是結果可能很接近，同時要向成員報告評量的成果，這類評量可以由教學成員或其他教職員來進行。

如同Hyman(1970)所述，「觀察是一回事，評鑑是另一回事...評鑑還涉及判斷或評定第等...我們必須評量實作表現，是否符合一個明確的教學概念和教學責任。」這個任務涉及若干步驟：

1. 評量者必須決定評價哪些因素。此決定緊繫於評量的目的（例如，比較協同教學與個別教學的效能）。
2. 評量者必須決定評鑑的規準，這些規準不是事實而是價值判斷，可隨時重新考慮和修訂。
3. 評量者必須蒐集有關因素的資料並加以權衡，例如：學生的學習成果或教師的互動，或滿意與否的調查。
4. 評量者必須將資料與規準做比較。
5. 評量者必須對教與學是否有效作價值判斷，現實與理想結果符合的程度，在最後決定前，評量者可能要重新考慮規準。(Hyman, 1970, pp. 273-275)

由學生、教師和行政人員進行的評鑑

學生就像教師一樣，也置身於教與學的過程中，他們有權利積極地從事評量教學活動的工作。學生能夠針對課程的關聯性、邏輯性、明確性、趣味性及教學團隊的效能和他們自己的學習態度、技能的學習等方面來進行評鑑。

學期末時，各種由學生評鑑課程與教師的工具已經被設計出來，而且其測試的信度和效度通常已經被處理了。但實際上，無須等到期末才能得到回饋，每個星期或每個月，即可請

學生批評和建議，以便知道如何改進。有些教師會規律地發給學生「三分鐘意見調查表」，詢問有關課堂上的主要概念、最不清楚的地方以及他們仍然想繼續探討的主要想法。（Angelo & Cross, 1993）有些教學團隊鼓勵匿名評論，學生不論喜不喜歡他們的教師，都必須精確的評價出優劣。

教學團隊的自我評鑑也會透露必須面對的主要問題：有些成員也許是執拗，或無法共處，或不負責任的，有些人也許發現很難從錯誤中學習，教學團隊成員的任命過程方法可能必須改變。計畫會議頗花時間和精力，若無恰當架構，會浪費許多時間和精力，領導風格可能必須調整、角色可能需要澄清、訓練可能需要更好的調整，教學團隊可能遭遇設備使用和行政支援方面的困難。

行政人員也應該評鑑協同教學，看看課程大綱、課程計畫及視聽器材的使用，甚至包括計畫會議的出席。他們應該將學生和教師的評價納入考慮，同時也應該注意其他因素，例如課表的安排及設備的使用、協同教學在新舊教師經驗交流上的價值、教學和研究的改進、士氣的增進、學生教師間人際問題是否減少。行政人員也必須在他們的評鑑中提出成本問題，時間與空間可能需要為協同計畫而重新安排，並處理協同教學中的個人問題。預算必須適合於教室以及額外的視聽器材。薪水發放可能得改變或讓責任輕重者有額外的休假時間。為了削減經費，可以讓非專業的職員接手一些非教學性的責任。

比較評鑑

評鑑的目的是爲了改得更好，但要改得比什麼更好呢？有什麼替代方案嗎？其中一個選擇乃是維持此世紀前期大學普遍使用的方法，即單一教師及封閉教室教學，而這方法至今在許多課程和教學活動中仍相當流行。此方法對學生和教師的影響可以拿來研究並和協同教學的結果相互比較。(Bair & Woodward, 1964, pp. 188-215)

有許多不同類型的協同教學，加以教師可能因爲曾經嘗試過而且熱愛協同教學，故比較各種教學法無法獲得確定性結論，教師的熱情也許是成功的要素。然而，某些教師是同時從事協同教學及個別教學，他們以第一手觀察爲最佳經驗的基礎。

也應該詢問其他嘗試過協同教學卻厭惡協同教學的教師，爲何厭惡的原因，同時也以此第一手觀察視爲另一個最佳經驗的基礎。

注意支持者和反對者以後，小心地區分他們所描述的協同教學形式，並且比較他們的經歷和判斷，作出一個謹慎的決定。支持者將強調優點，反對者會強調缺點，優點和缺點都要去研究及衡量，以判斷評鑑是否是誠實和完整的（參見Olivero, 1964，提供如何設計研究以獲得內在和外在效度的資料）。

Olivero建議在做比較時，可注意以下這些問題：

1. 教學團隊

（1）教師是個別或在團隊中較能有效地運作？

（2）個性衝突能夠避免嗎？

（3）能夠有效利用行政人員的支助嗎？

（4）教師能夠分配他們的時間作額外準備以提昇教學嗎？

（5）能夠在團隊成員中間發展默契嗎？

（6）教師能夠承擔，特別標舉出來的責任嗎？

2. 大型學生團體

（1）能以動態，有意義的方式講課嗎？

（2）能使200個人的大班級教學，如同50人的班級教學一樣有效嗎？

（3）能安排設備提供最理想的視聽教學嗎？

（4）能避免不需重複的材料嗎？

（5）能使學生在不一樣的團體中被激發嗎？

3. 小型學生團體

（1）教師能有效的領導小組嗎？

（2）教師能找出小組裡具有「權力和威信」的人物嗎？

（3）學生能因述說概念而得益嗎？

（4）能夠在小組裡改變價值觀嗎？

（5）學生能夠彼此互動嗎？

（6）教師在小組裡能夠更有效的辨認和解決個別學習的問題嗎？

4. 學生教學

（1）學生在成就測驗上得到更好的分數嗎？

（2）學生能更有效地保留和轉化通則、原理和概念嗎？

（3）能提供具有創造性的學習經驗嗎？

（4）能教導學生自己為學習負起責任嗎？

（5）各種能力的學生能從這樣的組織結構中受益嗎？

5. 人力資源

（1）能有效利用非學校的資源嗎？

（2）在人的精力和時間方面的優勢，能減少成本嗎？

（3）能減少中途輟學的比率嗎？

6. 財政資源

（1）能更經濟地使用資源嗎？

（2）能減少每個學生的教育成本嗎？

當然，這些問題必須因應當地情況來做調適或製作得更詳細。只是，問題本身要能夠被清楚地定義和測試。如果學校漸進地推動協同教學，並設立控制小組，透過追蹤學生和校友的方式，就能比較即時、短期和長期的結果。

註腳

註1：

Hyman (1970, pp. 256-283)對於觀察、測量、評量和評鑑等概念所做區別-皆適用於協同教學。

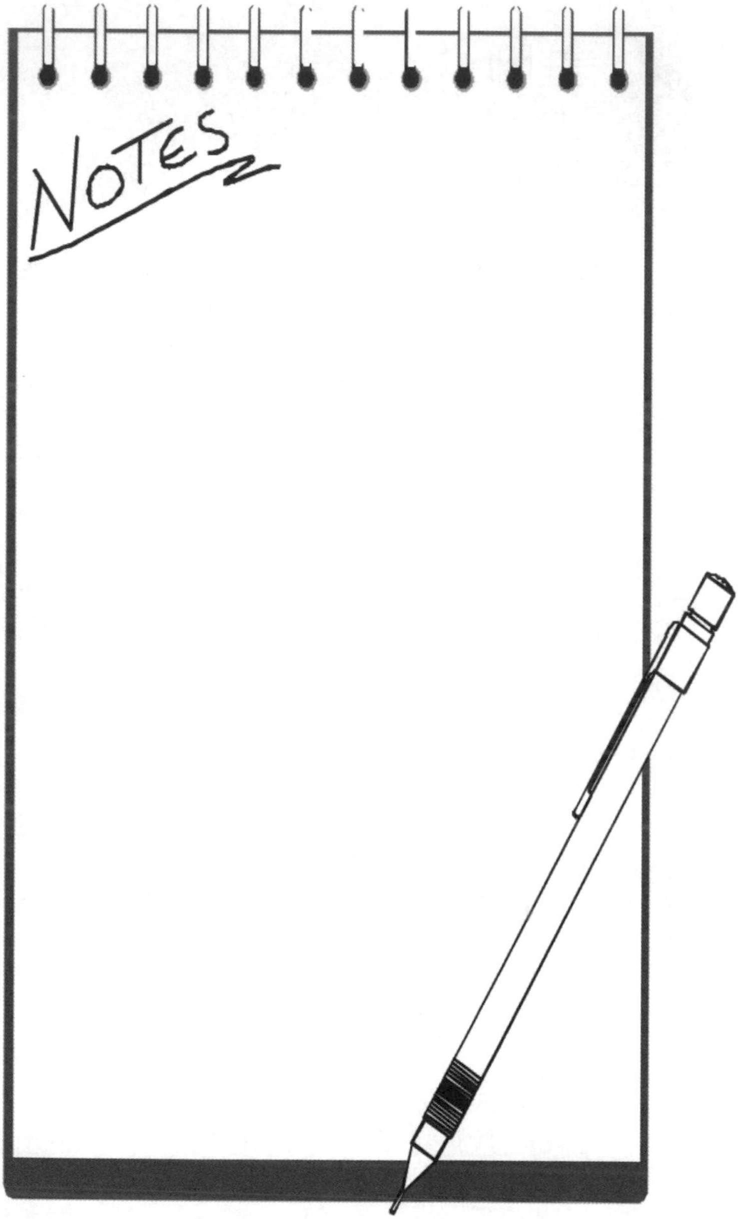
NOTES

chapter 13

如何改進教學團隊

- 有系統的步驟
- 教室中的表現
- 在職方案
- 支援系統

第十三章
如何改進教學團隊

大學中的評鑑不是純粹為了評鑑而評鑑，也為了滿足學生或教師的好奇心，和得到一個如何繼續做以及要做什麼的清楚圖像。評鑑是超出建設自尊和自信心的目標，是以從錯誤中學習和改進教育經驗的品質為目的。

協同教學的改進並非剛剛發生。沒錯，協同教學從非常簡單的兩個教師合作，自然發展到更複雜的小組合作，並經常性的從學科內部到外部做層級化的安排，儘管這些發展起因於正式或非正式的結果評估，教師會發現這個方法的潛力。

在這個日新月異的世界，每一年都將有不同背景及不同需求的新學生進來，因此教學團隊永遠無法停止尋求更完美，他們可能必須增加、替換或重新排列教學單元，同時，他們必須在概念和新方法間找到新的連結，以幫助學生瞭解，也必須呈現教材，去除不必要的重覆，以及提供必要的增強。

測驗是評鑑過程中的重要元素，如果所有學生在所有測驗上都獲得100%，那麼這是份設計不良的測驗，因為這份測驗沒有提供任何回饋，不論在學生強項與弱點方面，或是教學方法方面，也無法使

課程更有趣、難忘及有效，眞正的評鑑是以做的更好為目的。

如同在科學中，教學中的改進來自規律的循環：經驗、分析、評鑑、重新設計、再次評鑑。協同教學是改善產品的教育實驗，其結果必須精心測量、分析結果和評鑑，因而過程可能被重新設計以產生更好的結果，而教育生產力或效能的增加必須以學習和教學的成果來測量。

以下是學習的成果：

1. 認知的提昇

（1）知道和理解更多的資訊。

（2）更精確地理解資料。

（3）資訊的保留更長久。

（4）在學習領域內，看見更多本領域內或超越領域的關聯。

（5）在分析和綜合方面，發展出更好的判斷。

（6）提出更有創造性的假設，以促進領域發展。

2. 情意的提昇

（1）有更高度的興趣和動機去取得在課程與學科主題中想得到的知識、技巧和價值。

（2）在學科領域內外，能更堅定個人的價值觀和敏感度。

（3）對他人的尊嚴和情感能賦予更多的欣賞和敬重。

（4）有更深的文化價值感和態度。

（5）有成就感及情感上的滿足。

（6）表現更多的個人統整。

（7）對所處社群更為滿意。

3. 行為的提昇（有較佳的技巧去觀察、研究、分析、綜合、聆聽、批評和溝通）

（1）在講演和閱讀時能做更好的筆記。

（2）在團體討論時更有責任感。

（3）更清楚和有效地書寫和說話。

（4）能使用社區重要的資源及工具，更有效地解決典型及新的問題。

（5）以更好的批判及判斷來進行做研究。

（6）將生活經驗及課程內容做統整。

（7）在科際間能做更有效的對話。

（8）更有效地管理時間和學習。

教學改善不僅意味著學生有更好的學習，也代表老師對教學狀況更為滿意：

1. 在合作計畫中有更多的樂趣及創造力。
2. 更清楚和更吸引人的閱讀和講課。
3. 更有趣、開放的及有焦點的班級討論。
4. 更具吸引力及挑戰的研究方案，實地考察、報告及論文。
5. 改良的測驗。
6. 在課外可使用電子郵件和電話與學生和教師們有更頻繁的接觸，建立更強的團隊精神。
7. 更好的設備，硬體設施和環境，包括圖書館和網路。
8. 增加獎學金和出版物。

有系統的步驟

該如何做才能改善呢？教師和學生的確有可能自然而然更熟悉協同教學，但是有系統地提出某些要素能加速整個過程。

教學團隊必須問自己幾個問題：

首先，其他教材包括實驗、講課、錄影帶、電影、實地探察和閱讀，可以更有意義嗎？例如：一堂課可以由電影來替代，電影的優點在於它是高成本高色調的產品，可帶領學生到不容易經歷的時間和場景，而且電影使用的劇本乃精心設計，可揭露人的特性和突顯出最重要的事實和訓誡，同時，電影也能一再的使用；另一方面，講演者透過觀察學生在課堂上的表現，感覺教室的氣氛去調整教學速度和內容，以符合學生的集體狀態，它能避免教師因學生的興趣或問題，中斷講課去澄清或轉換方向。教學團隊能討論和衡量這些因素。

第二，教學或學習活動的位置、時間、順序和技術、可以被改變嗎？可能會產生什麼結果？更好或者更糟？爲什麼？

在某種限制下註[1]，遠距學習提供顯著的機會：

1. 遠距教學的雙向互動式錄影，能夠連接相同或至多四個時區內的所有班級學生，使得學生和教師能直接看見對方。

2. 如果課程在不同時區會面，學生和教師必須製作和使用錄影的方式，並能自在地使用電子郵件和網路。否則就必須提供一些專題研討會，包括學習如何製作「書籤」和使用「匿名」，來建立他們的技術和減輕恐懼。

3. 錄影帶可以傳送至爲所有地區的學生。最好大量由圖書館拷貝影片以便學生使用，如同討論前的回家作業一樣。

4.電子郵件使對話在課堂外能持續整個星期，也使得不容易在課堂討論發言的人能仔細的表達他們的思想，以及在送出郵件前做些修正，這提昇所有學生討論的參與度。在學期中透過電子郵件的方式，可加深討論的內容以及加廣討論的興趣。

5.網路的討論社群包括聊天室和新聞群組，是跨越電子郵件的一大步。他們容許「思路」：他們用圖表顯示是在傳送，傳送給誰並且頻率爲何。爲此，密碼變得十分重要，以維護安全性和建立信任和開放。

6.當前網路的特性，可能對新手來說是比較令人沮喪的，包括使用Tab取代Enter來結束一行、需要螢幕的最大值來充分顯示所有的資訊、設定自動發信群組（或者在一個id下把許多位址歸類）。

7.將來，遠距教育伺服器（DESs）將簡化國內電子郵件、聊天室以及製作網頁的方式（以班級成員的提綱、書目、傳記和圖片的選單、書籤、暱稱、有力的課程大綱修訂和到電子討論小組簡化的通路）。圖片以及動畫需要在網路上面使用html郵寄。同一時間，Windows 98、Netscape 3.0 以及

Corel 97的語言必須以網頁的形式設定以及轉換成網路傳輸檔案。壓縮檔在網路上分享，可以經由網頁的形式傳輸。

8.這對學生在學期前，設定網頁很有助益。

虛擬社群有很多好處：

1. 溝通可以不受時間地點限制：家、辦公室或者學校。
2. 在發送訊息前再次反思可呈現較精緻的內容。
3. 可以讓害羞不敢表達的學生克服其限制。
4. 暱名或是另開視窗能同時與許多人通信以節省時間。

也有壞處：

1. 捷徑也許不可能發生。
2. 較少的自發性。
3. 無法透過聲音及表情得到線索。
4. 參與的動機也許純粹是外在的：因為課程的需求或為了得到更高的分數。

從同儕及學生身上得到有關任何教學及學習活動效能的回饋，可以提醒他們徹底地重新設計課程架構，以避免任何重大的疏失或是過度論述某些主題。一些項目可以結合、省略或是替代，使這個工作對學生或者教師而言處理起來更容易。如果變化是適當的，團隊必須決定首先要改變哪個要項（Weimer，1993）。

第三，如果團隊成員的情感蒙蔽了課程內容或評鑑結果的客觀性，一個外來

的顧問會給予什麼樣的建議呢？一個有經驗的專家呢？通才呢？專家呢？學生呢？管理者呢？而師資培育者呢？藝術家呢？新聞工作者呢？心理學家呢？管理專家呢？移民呢？殘障的人呢？貧困者呢？另一個文化的人呢？過去或者未來的人呢？

小心回顧可能得到一個結論，那就是教學團隊需要增強某些技巧。它能藉由增加更多的成員、輪調人員或訓練現有的成員而使教學團隊更好。如果調整能依據教師或學生的年紀、性別、文化或主修領域不同而重新組合，可以用較少的人或以較低的成本完成更多事情。以機械或自動化操作的設備替代人們也有可能獲得顯著的利益但也可能蒙受損失。

第四，如何能夠使人們被激發以增加他們的生產力呢？他們想要什麼？是想從團隊成員或管理者中獲得賞識和鼓勵嗎？更多的金錢嗎？休假嗎？較佳的設備嗎？更好的圖書館支援嗎？更棒的空間嗎？教學助理嗎？專題講座嗎？旅行嗎？還是研究補助？

團隊責任也許會依據團隊技巧、興趣或風格來分配。有些人偏愛獨自工作，有些人喜歡非決策性的日常工作，有些人喜歡細節的工作；有些人喜歡成爲注目焦點，有些人喜歡在幕後；有些人喜歡領導，有些人喜歡追隨。總之，所有的成員對團隊都有貢獻，領導者必須因才適用以減少摩擦並提高士氣。

失敗是學生和教師學習的機會，也許他們的期望是不切實際的，也許在評鑑中會有新觀點或有著某種優勢爲成功而重新定義，弱點也許是優點、負債也許是一種資產，失望也許是上天給的一種賜福。改變觀點也許令單一教師卻步，但是整個教學團隊能夠鼓勵一個看事物的全新方法。

如果顯著的弱點出現了，發展一個計畫應付偶發事件以避免重覆是很實用的。團隊應該提前決定危險信號以及採取必要的替代行動。

教室中的表現

如同專家，教師必須不斷地注意隨時掌握其領域的最新資訊，和改善他們的教學。學生的回饋是很有價值的，但是學生並不是專家，他們的觀點經常受自我興趣影響而有偏差。自我觀察有用但並非始終如一，最理想的教學觀察是來自其他教師，他們知道他們要看的是什麼。

團隊內的教學觀察大部分是非正式的，教師看別人如何講課、使用教具以及掌握學生，看對話中學生和教師的心智如何運作。觀察者有自己的觀點，有些人可能會以焦慮或控制去分析教學；有些人看的是溝通的過程，以及有視之為藝術的表現。所有這些方法是有效和互補的。他們能夠提供引導改進的洞察力及回饋。

正式的觀察涉及測量，使用工具或一套規準來聚焦觀察，並給予一些具體的量化資料。例如，教師在一堂課利用十四個問題去引出事實，一方面引出解釋或詮釋，二來引出價值觀念。這給老師對討論中發生的一切，有了一個快速的概念。老師或是教學團隊，可以依此而更有效益的去問或是去解釋問題。

最有效的分析和改進方法，是對實際發生在教室裡的事，做一個由法蘭德斯所倡導的相互作用分析。將課程錄下來，觀察員每隔 3 到 5 秒注意以下互動的發生，使用下面列的數字，然後記錄員寫下數字並畫出整個課程的曲線圖。

1. 教師談話

（1）接受和澄清正面和負面的感情。

（2）讚揚和鼓勵。

（3）接受或運用學生的想法。

（4）提出問題。

（5）講課，提出事實或意見。

（6）給予指示或下達命令。

（7）批評學生行為，辯護教師行為。

2. 學生談話

（1）學生談話－回應性的。

（2）學生談話-自發性的。

3. 沈默

（1）沈默或困惑（Hyman, 1970, pp. 266-267）註2

法蘭德斯的互動分析最大的優點是教師能夠透過一個被紀錄的課程，分析、診斷和立即處理問題。使用它能夠根本轉變教師行為，讓教師知道在學習過程中，學生的主動參與與學習有直接的關係，愈積極的學生在課堂上學的愈多。

隨著實踐，教師問題的類型可再細分成尋求事實、解釋或者價值的。同樣地，學生對學生的相互作用能夠用圖表來表示，可看出是否有個別學生在主導討論。

小群組討論有小組中的各種動力關係，有喜歡說話及害羞的人格特質、爭取權力和注意的情形、結盟和黨派的建立。教師或小組的領導者必須把注意指向學習，讓所有人維持禮貌和尊重，同時對論述焦點有貢獻，以防討論離題。

教師或小組的帶領人也必須發展可以刺激學生記憶及想像力的發問技巧。「破冰」可以讓討論繼續，問到關於感覺的層面，不要只限於事實，當不同事實並列時後要詢問其所代表的意義。給予學生立即的測驗，然後讓他們分享並互相批評（Hyman,1970,pp. 217 -255;see also Cunmngham, 1971）。

在職方案

用在職訓練計畫去處理課後評量中所浮現出的弱點，在以專題研討會或月會時可討論定期的討論下面的主題：

1.教育哲學。
2.方案的設計。
3.選擇教學型態。
4.選擇教學團隊的成員。
5.選擇團隊型式。
6.領導問題。
7.研讀的領域。

8. 訓練及做決定。
9. 評鑑及改進。
10. 所需要的資源。
11. 教室互動。
12. 資源設施及工具的使用。
13. 教育心理學。
14. 時間及壓力的管理。
15. 評分和紀律。
16. 溝通及多媒體的使用。
17. 創造力和自我表達。
18. 講授和小組討論的發問技巧。
19. 測驗和評量。

行政人員必須被包含在在職方案裡，讓他們可以得到第一手經驗，同時知道教師的關注焦點，讓他們分享正在進行中的改善以及挫折是很好的一件事，他們在場代表相信學習是一個終身計畫，必須讓教師也看到行政人員並不是置身於外，而是隨時準備盡力支援。

教師必須在創造性自由的需求與小組的支援之間尋求平衡，在職訓練可以安排講課和討論以達到這需要，更好的是可以使用歸納法，先將焦點放在個案研究上，發現各個個案的連結，引導出普遍的原則，然後再導到實際運用的層面。

支援系統

有豐富的資源包括海報、地圖和圖表；單槍投影機和投影片；教育電視、錄影帶和錄音帶，都能夠幫助教師使課程呈現更生動和有趣。

講課和討論能夠被錄下來，然後重新檢視以改進教學。演員及牧師都這樣做，檢視他們姿態的表現、聲音、面部表現和身體的活動，教師也必須注意到這些，因爲表達的風格可以幫助學生進入狀況。

教師助理的用處，像護士助手和行政副官的用處一樣，減低成本和減少花費在非教學或支援性任務的時間，這使教師可以有更深度的準備、重新考慮方法，以及與學生有更多的正面接觸。助手也許是初任教師、退休教師、有興趣但是無證書的家長、兼任教師和其他同事（輔助性專業人員）或是神職人員的協助。

在教室外，電腦輔助教學，包括遊戲模擬以及網際網路，教學機以及編序教學，都已經長期用於科學和語言的實驗室、工業和軍事系統中。在大學的學習中心，他們使用機器校正文法、拼字或是標點等乏味的工作，因爲機器從不會厭倦。以小步驟進行教學並給予立即的回饋，學生能以他們自己的步伐來進行學習，但他們必須付出足夠的耐心去嘗試錯誤以學習更高階的東西，電腦遊戲也教導他們從錯誤中學習。

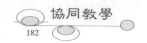

註腳

註1：

關於技術和教師生產力有用的討論，能定期地在期刊“Syllabus, Technological Horizons in Education, and Imaging”上找到。

註2：

Hyman (1970. pp. 266-267)設計了更複雜的工具，只要教學團隊已熟悉法蘭德斯，則使用Hyman所發展出來的工具對於協同教學一定會有幫助。另一個是由Amidon和Hunter (1996)發展出來的，相較於法蘭德斯之設計是較為不複雜的工具。

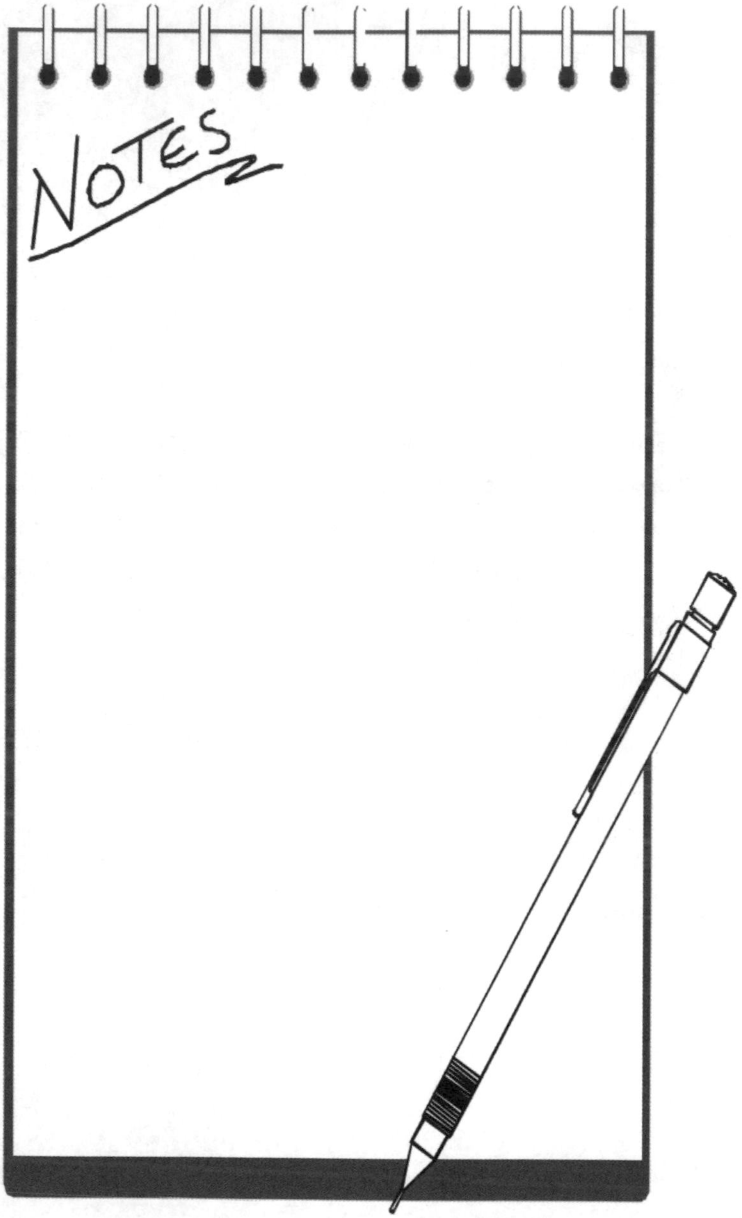
NOTES

chapter 14

如何支持教學團隊

- 資金的支援
- 硬體設施
- 設備
- 時間
- 人事

第十四章
如何支持教學團隊

對教學團隊的支援可以從精神的鼓勵到實質上提供建築物、設備，使他們工作更順利。所有這些問題都要注意，尤其時間及人員問題會涉及隱藏的成本。註1

資金的支援

預算必須調整以應付足夠的教室、影音設備及附加的視聽資源、圖書館支出的增加，常使用的電視和錄影帶，將是更高的花費。通常教師助理或是研究生會受雇來處理許多的細節，他們通常被賦予教學研究員的職位或拿時薪或沒有津貼。團隊領導者可以得到紅利或休假，其他的團員常是給予休假，或是給予專題研討或大型研討會的津貼，以提昇教學。（詳細請參閱Bair&Woodard，1964 ，pp.177-187）

這些更高的成本能獲得什麼結果？更有品質的教學和學習。如果學習目標明確，就能提出證據證明學生以更佳的精確度、理解力、滿意度和應用技巧來學習。舊生保留比例，研究所和雇主接受研究生的程度，以及伴隨的入學新生都獲得提昇。如果教學目標明確，團隊可以證明更多的熱誠、想像、獎學金和出版物。是的，協同教學將會付出更高的成本，但這是值得的，其成果會讓評鑑機構印象深刻。

事實上，有的花費將會比減少學生及老師的比例還來得便宜，且能更有效地提昇教學品質。回收的效益可能是正常班級或大團體講課教學的三倍、四倍或是五倍。大團體講課通常有更好的組織和說明，小團體討論則可以由團隊成員、實習教師、研究所學生或教學助理來帶領。

為了更進一步減少費用，非專業職員可以接替一些非教學的工作責任。商業界和工業界長久以來所認知的原理原則是，若一個工作可由較廉價的職員來完成，那就沒有必要把工作分配給薪水較高的職員來做。大學多半能學習和應用此原理原則。

部分固定的研究與發展預算，可以分配給團隊的導向和訓練工作，大多數現行方式是以專題研討的形式進行，並且開放給所有教職員。

教務長可以利用電腦化計畫表，在預算內安排教師、學生和空間的各種運用。

硬體設施

理想的建築物是要以協同教學的精神來建造，空間要能夠彈性運用，同樣的空間也可符合不同目的的使用。

最好設計可以容納150個人或是更多人的教學大廳與多層次照明設備，如果設計成摺疊式或可以滑動的門，以提供小型的討論場地，那就更好了[註2]。

選擇閉路電視系統可以播放相同的影片或是可以作同步演講，但這些可能無法與所有學生做高度的互動。

有寫字平台的桌子跟活動椅子，可以幫助同一個教室的大團體劃分成小團體討論。但是已經存在的教室可以用一些想像力作改變，噪音可以經由白色的背景、地毯、窗簾、室內裝飾和吸音天花板跟牆壁來調整（請參閱Bair & Woodward, 1964, pp.36-60）。特別的空間可以讓討論小組使用，好的空間設計可以讓大到100人的團體依然可以達到親密的感覺。

教學團隊之成員的辦公室應該安置在同一個區域，這樣有助於課外的互動。這樣教學團隊可以正式的在辦公室內討論，而不須再安排小團體討論，或是在教師休息室中也可以進行討論的工作。

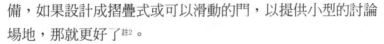

設備

錄音機是必須的：所有的大團體討論都應該錄下來，可讓缺席者以及其他覺得重複經驗很有用的學生回顧。

投影機在大團體教學中是必須的，因為黑板並不適合用來作有距離的閱讀，因此，教學團隊辦公室或複印中心必須要有彩色影印設備以供使用。小團體的討論，則可由圖表和有標籤的新聞紙來替代黑板。

在外賓講演或學生在大廳上課時，手提電池式麥克風很好用。

電影和幻燈機，搭配可播放錄影帶及閉錄電視的全套電視轉播系統。

閉路電視，複製錄影帶以分別在各個教室內播放。用纖維光學電話電纜、衛星播放或者網路，使得遠距的會議成為可能，許多不同地方的人們可以同時學習。雙向視頻的方法增加彼此互動，這在電視新聞節目及電視節目的圓桌討論小組中被廣泛使用，各式各樣的人在地球村內互動。這也可以成為學術學習的方式。

以上設備都需要經費：電腦、視訊相機、接線，寬螢幕監視器、光纖設備、隔音設備、技術員和教師的薪水、網路及衛星的經費、廣告、保險、供學習的圖書館[註3]。

並非所有的學習都在教室中發生，在電子時代，知識不是那麼容易被限定，它透過電腦調制解調器而至電腦，可以輕易地被個體所存取，

雖然，他們可能得到許多資料，但要如何從大量的資料中進行篩選，解釋和組織，使之變得有意義，是另一項挑戰。

在課堂上，學生學習如何應用科技技術，包括如何問問題的技術以確定資料查詢焦點。講課通常能夠大量的使用這些技術，團體討論也可以進一步激發才能。然後，他們可以透過個人的練習而更精進。協同教學在這方面所提供的協助是：展現學者互動以及改善問題之品質模式，並分享結果。

在科學、電腦和語言實驗室中相關軟體可以提供編序的教學，這些編序方案鼓勵積極的學生，設定目標和學習、接受個人的責任，並且渴望操作從簡單到複雜及不熟悉到熟悉的事物，藉由頻繁的試驗，得到立即的增強或者修正，同時可以適應學習者而調整速度。許多程式讓學習變得很有趣。這樣的方案成功地用於工業界以及軍方在資訊提供，技巧磨練及價值的形成上均有相當的助益。

在電腦中心或是家中廣泛使用這樣的材料，可以讓教師不必在教室做機械式的訓練，而可以專注於較高層級的思考上，包括分析、綜合、創造性假設、判斷和應用。缺席的人、或是想要進階學習的人、或是想超越班上同學的學生、或是缺席者，都可以經由這些材料獲得學習。

這些方案可在課程進行前引導學生、課後複習、在時間不夠的情況中，教導出有水準的課程、或是更龐大的教學材料。它們可以和協同教學一併使用以降低成本。

大學過去爲學生提供設定好程式的電腦實驗室，當電腦價格下滑和硬體效率提升時，時下更多的設計是學生可以依據自己的需求，購買手提電腦和軟體，就如同他們買昂貴教科書一樣。這使得花費由大學轉向學生，但是硬體以及軟體在學生畢業後仍可繼續使用。

時間

在協同教學前，行政人員需要一段時間，重新安排協同教學的教師和空間、人際問題和新系統可能帶來的壓力問題。實際上，這些不應該花費超過目前分配這些工作的工時，電腦可設計出一份完美的安排計畫，以反映出每位團隊教師要使用大團體講課的大廳及小團體討論空間的需求。如果教師的衝突不是來自協同教學，它也將因為其它事情而產生。

更重要的是教學團隊必須定期腦力激盪、計畫、做整體的評估、評量和重新設計。講演者需要寫下和彩排內容，查詢原文和視聽資料以結合講授主題，並從團隊裡得到回饋。討論領導者必須在課堂前後一起發展討論問題的技巧，在假期間安排一些討論的會議；在學期間也要持續不斷的討論，這些都不能和既有的會議撞期，例如：系所一般會議、各系聯繫會議或者委員會的會議。運作良好的大學在學期開學前就已經規畫好整學期的行事曆。

團隊講課應該先於或者後於個別基本課程？應該先於或後於小組的討論呢？或者它應該界於二者之間另，這些都必須進行考量。必

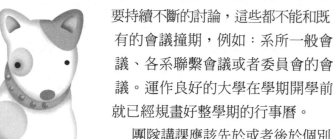

須開放辦公時間以提供學生和教師做課外接觸。所有這些投入都必須由行政單位處理。

人事

各級首長各有不同的專長及責任，他們多半願意提供時間、資金和鼓勵，向他們解釋想法可以使想法逐漸被理解，他們之中有些也許本身就有協同教學的經驗，可以給予有用及創意的建議。

大部分的大學提供各種的服務中心，包括心理諮商、生涯諮商、健康援助、學習困難輔導、電腦技術、教育影音的服務。學生以及教職員工要配合他們的工作，才能相對得到幫助。例如：事先通知影印中心的員工以完成所需的影印；可以事先向教育影音工作部門索取先進的硬體或是軟體上的支援，以避免排課上的衝突。

秘書以及助教則可提供相當多的幫助，當他們愈了解教師團隊想做的事情以及使用的方法，他們愈能提供適切及有價值的支援。

圖書館提供必須的協助，訂購以及處理材料。更重要的是，它們可以建議書目以影音資料。教學團隊須與圖書館員有所接觸後，以便在教學計畫上及評量上得到助益。他們甚至可以大量複製學生所需的資料，並將這些資料放在圖書館的特定保留區域。

註腳

註1：

Trusty（1964）從行政人員的角度,對於這個問題作了周全的討論。

註2：

Hanslovsky et al.（1969, pp. 20-23）提供了有用的圖表。另LaFauci and Richter(1970, pp. 82-111)也有一整章在討論建築的設計，並附有完整的圖表。

註3：

關於科技和教師生產力方面，能定期地在“Syllabus, Technological Horizons in Education,and Imaging”上找到有用的資料。

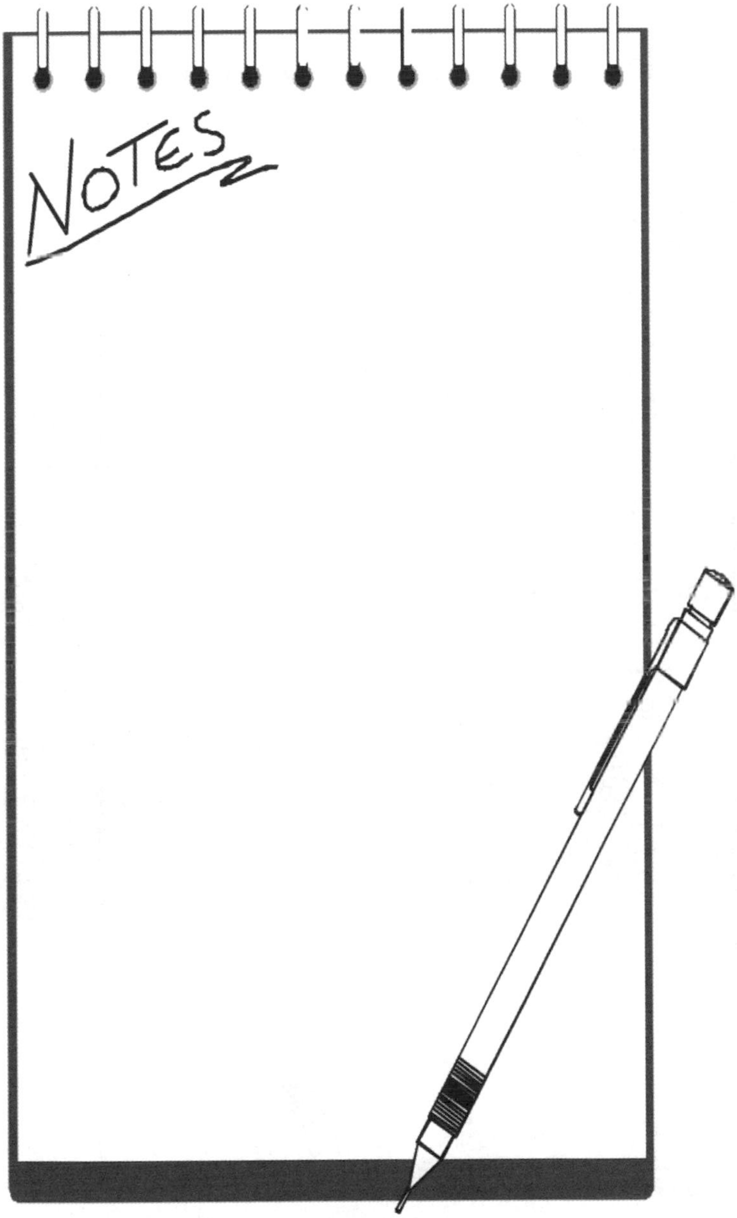
NOTES

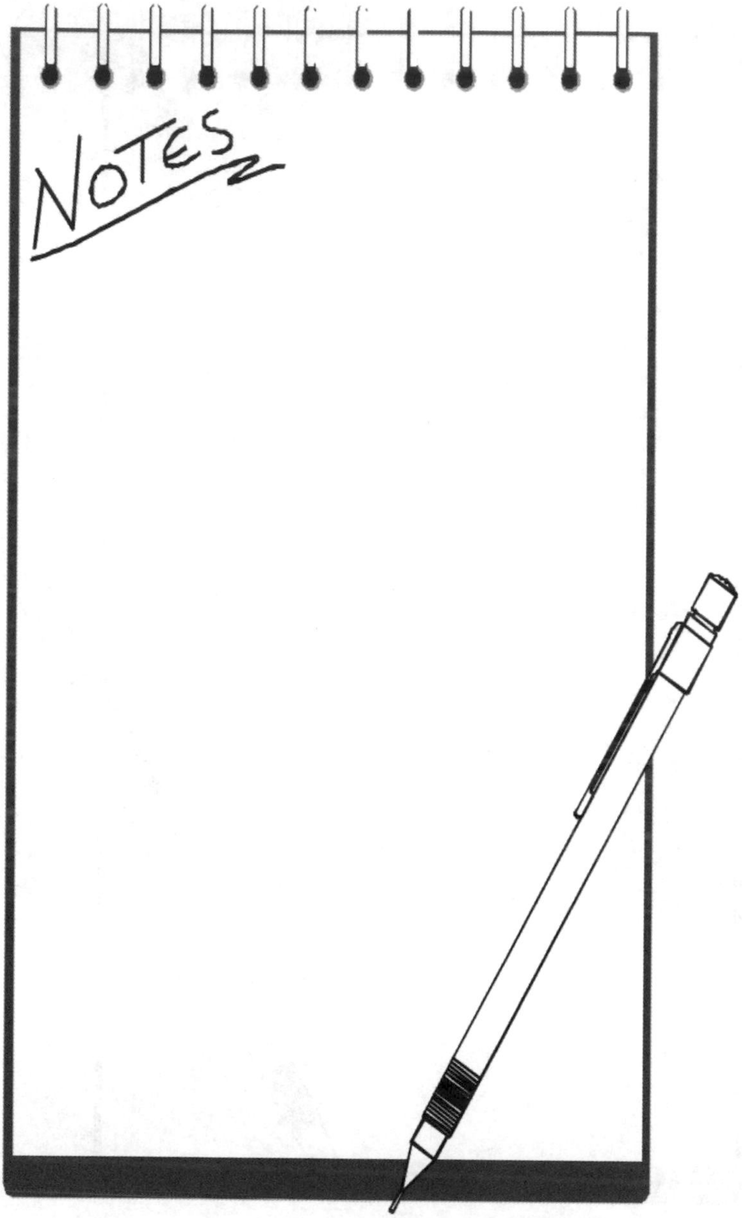
NOTES

chapter 15

難題以及潛力

- 潛力
- 難題

第十五章
難題以及潛力

回顧協同教學，什麼是一般性的結論呢？

1. 它已經在各種正式和非正式機構中持續了很長的一段時間。本世紀在正式教育、商業、醫藥界和軍方的各層級上都已經成功的使用過協同教學。

2. 可以使用各種場所對各種學生使用協同教學，包括大團體，小團體和個人。

3. 它曾在單科中或跨領域中被使用，愈是綜合各式各樣的意見和個性，愈能刺激教師與學生的成長。

4. 團隊可以是縱向的（階層型的）或水平的（民主型的）組織，但無論是何種的組織結構，都必須注意到衝突與領導的面向，以使團隊能和諧地運作。

5. 關鍵性問題：在於設定目標、選擇成員、訓練團隊、一起設計方案、一起評鑑結果以及做更好的設計。

6. 團隊需要支援才能有效的運作：包括鼓勵、設施、裝備、時間和人員。

7. 協同教學主要益處是改善教育品質，幫助教師教得更好，學生學得更好。

潛力

授課品質的提昇是協同教學的重要潛力。要在單一或更多的同事面前授課，通常老師們會作充分的準備，因而講課會更吸引人、更有組織、更快速和更充足。在團隊同意的學習目標之下，講演者從背景閱讀中提供關鍵思想的綜述；分析、舉例、澄清以加強核心內容；邀請發問和評論；概述和應用材料。其他成員常常在過程中切入，提出問題或者建議不同的詮釋，引發學生的自我思考使課堂更活潑。由於過程會錄影，學生可以回顧，教師團隊也可以做批判和評鑑。

從這些較好的講課中，學生在考察個別與部分之前得到一個更全面的觀點、架構，使學生更容易學習到批判的思考。學生的好奇被喚醒，與領域產生聯結，而且教學過程中提供了研究工具給學生，學術態度和行爲也在協同教學中被塑造了。

討論的品質提升，講課的要點清楚、豐富並與實際的應用和技巧進行連結。摘要用很具體的方式來呈現，或更進一步在具體例子上萃取出原則，使學生形成終生的習慣：觀察－判斷－行動。

學生的回應－困惑、憤怒、熱情－都更明顯，這使得他們更容易進入狀況。所有的學生被鼓勵積極地參與和專心聽講。結果，自我表現變得更好、更

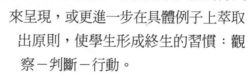

有邏輯、更能尊重他人。

在教室內外交換學者般的洞見，激發教師和學生雙方的智力，新的研究方案出現，厭倦感亦消失。
(Weimer, 1993)

難題

難題的出現也是必然的，對於一危機的憂慮是最為顯著的一部分。行政人員將擔憂費用問題，傾向於維護架構的人將會對抗所有的改變，尤其那些因決策權分散而失去控制權的人尤然[註1]。

學者將會開始關心存在於他們教學和研究之間的張力。那些科際教學團隊會特別在知識的原理原則、內容和方法方面的進一步發展感覺到緊張。(Antczak, 1994 ; Kriege, 1973; Nicodemus, 1992)

不論教師如何地認眞，他們會想知道協同教學將會如何影響他們的工作負荷和薪水。

此外，經驗豐富的教師要將其「自主」讓渡給一個協同的教學群也是不容易的，此外，給予或是接受批評也是很難的。個性衝突時常在頻繁的互動間被強化。

協同教學也需要付出計畫和評鑑會議的時間和精力，這不是兼職的教師所能輕易完成的。緩慢的集體決策會考驗耐心。它需要較長的時間來使大家同意教學與學習的成果、必要和推薦的閱讀、教學大綱上的主題排列、測驗的類型和頻率、評分的基準，和整個學期的授課中講課、討論、獨立學習研究的混合比例。

學生將歡迎各種不同的聲音和觀點。但是，他們沒能看到原理原則並比較不同觀點之間的關聯，除非團隊成員可以明確地指出他們之間的關係。

這些難題有許多是相互關聯的，將之放在一起，似乎令人覺得無法應付。但是，他們不是不可以克服的。其他大學曾經面對這些問題並得到解決，我們可以向他們取經。

更重要的是這些難題打開冒險的門。危機的漢字，由兩個字－「危險」和「機會」而形成。(Gmelch, 1993, p. 4)

團隊成員的個人成長大部分從挑戰中得到，隨著問題的提出討論、思維以及暫時性的解決方案被實驗，並進一步評鑑實驗的結果，教學的整個過程及方法得以改進。最終，他們的自信心會增加、協商和合作的能力也會更加成熟。

協同教學使高等的教育機構和文化運動中由放縱的個人主義轉向走到協同的工作，其轉折的方向是一致的。教師們期望在工業界、政治圈和科學的研究中看到這種協同。同時也逐漸的熟悉這種協同的工作方式在各個學術界委員會中被廣泛的使用。有許多的議題無法使用傳統單一學科的研究來加以分析，例如種族主義、和平、性別議題、貧窮、都市化以及生態的議題。

這些議題所處理的都不是單一的現實，而是相關連的現實，因此需要多重的分析。

更有甚者，科技的發展和成本的降低，確保新世紀的協同教學可以同時併用遠距教學[註2]。

協同的未來已被開啓！

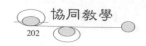

註腳

註1：

LaFauci and Richter (1970, pp. 113-123) 對於協同教學的侷限和潛力有深入而平衡的介紹。

註2：

LaFauciandRichter(1970.pp.127-135) 對於協同教學的未來具有非常想像力的鋪陳，同一主題請參見。Showers and Joyce (1996,pp. 12-17).

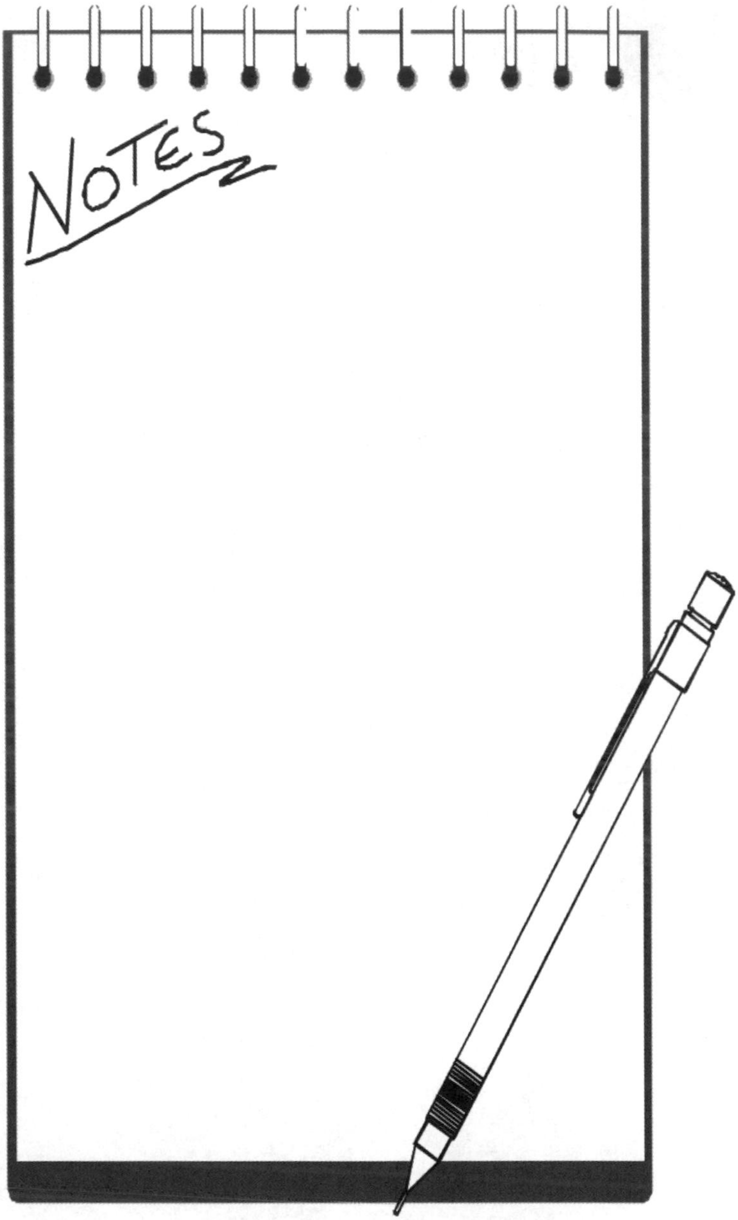
NOTES

重要用語中英對照

A

accountability…績效
action plan…行動方案
administration…行政
advantages…優勢
American Association of University Professors…美國大學教授協會
analysis…分析
assessment…評量
audiovisuals…視聽

B

boredom…厭煩
budget…預算

C

capstone course…頂石課程
change…改變
classroom…教室
  learning outside of…教室外的學習
  self-contained…自足的教室
class size…班級規模
collaboration…協同合作
collaborative leader…協同領導者

communication……溝通
community-building……社區的建構
compatibility……相容性
computer……電腦
conflict……衝突
- and interdisciplinary teams……衝突以及科際小組
- and values……衝突與價值
- avoiding……避免衝突
- benefits of……衝突的利益
- resolution……衝突的解決
- results of……衝突的結果
- sources of……衝突的來源

content……內容
coordinated teams……協同的小組
creativity……創造性
critical thinking……批判性思考
criticism……批判
culture……文化
curriculum……課程

D

decision making……做決定
- and feedback……決定及回饋
- and objectivity……決定及客觀性
- and subjectivity……決定及主觀性
- styles of……做決定的型態
- systems approach to……有系統的決定取向

definition……界定
democratic teams……民主式的小組
design……設計

disadvantages..............................不利
discipline.................................學科
  and conflicting goals..............學科和衝突的目標
  and group influences...............學科和群組的影響
  and individual differences...........學科和個別差異
  and personal problems..............學科和個人的難題
  coping techniques..................學科和應付的技巧
discussion.................................討論
distant learning..........................遠距學習

E

environmental factors.....................環境因素
equipment..................................設備
evaluation.................................評鑑
  and interaction analysis............評鑑與互動分析
  and objectivity....................評鑑及客觀性
  and planning.........................評鑑及計畫
  by administrators..............行政人員所做的評鑑
  by observation...................藉由觀察進行評鑑
  by students.......................學生所做的評鑑
  comparative........................比較的評鑑
  difficulties of......................評鑑的困難
  measures of.........................評鑑的方法
  of students.........................學生的評鑑
  of teaching methods..............教學方法的評鑑
  of the team..........................小組的評鑑
  self-...............................自我評鑑
  facilities...............................設施
  failure.................................失敗
  field trips............................田野旅行

financing……財政
flexibility……彈性
friendship……友誼

G

goals……目標
and conflict……目標及衝突
and leadership……目標及領導
and mission statements……目標及任務的敘述
internalized……目標內化
learning……學習目標
setting……目標設定
grading……打分數
group dynamics……小組動力學

H

hierarchical teams……具階層組織的小組
history……歷史

I

improvement……改進
affective……情意的改進
and classroom performance……改進與教室表現
and distance learning……改進與遠距學習
and in-service programs……改進與在職方案
and support systems……改進與支持系統
behavioral……行為的改進
cognitive……認知的改進

of class material……………教室有關物件的改進
of productivity……………生產力的改進
of teaching conditions……………教學條件的改進
of team members……………小組成員的改進
in-service program……………在職方案
interaction analysis……………互動分析
internships……………實習
intra-disciplinary teams……………學科內組成的小組

L

laboratory……………實驗室
leadership……………領導
and communication……………領導與溝通
and community building……………領導與社群建構
and conflict resolution……………領導與衝突解決
characteristics of……………領導的特性
roles……………領導的角色
sources of……………領導的來源
styles……………領導的型態
learning……………學習
and students characteristics……………學習和學生的特色
failure……………學習失敗
myths about……………有關學習的迷思
skills……………學習技能

M

master teacher……………專家教師
morale……………士氣
motivation……………動機

O

objectivities....................................目標
orientation....................................導向
  elements of..............................導向的要件
  workshop..............................導向工作坊
outcomes....................................結果

P

personalities....................................人格特質
personnel....................................人事
planning....................................計畫
problems....................................難題
program design..............................方案設計
  and assessment.........................方案設計與評量
  and communication...................方案設計與溝通
  and decision making..................方案設計與決定
  and defining outcomes..........方案設計與結果的界定
  and environmental factors........方案設計與環境因素
  and making ground rules....方案設計與基礎規則的製定
  and personality factors........方案設計與人格的因素
  and preliminary work...........方案設計與初步的工作
  and training.........................方案設計與訓練
  strategies.........................方案設計與策略

Q

quality....................................品質

R

recruitment……招募
research……研究
retention……保留
rotation……輪流

S

salary……薪水
scheduling……時間的安排
school within-a-school……校中校
selecting the team……選擇小組
self-contained classroom……自足的教室
self-directed teams……自我導向的小組
shareware……分享的物品
specialization……專精
standardized tests……標準化測驗
strategies……策略
student characteristics……學生的特性
student roles……學生的角色
support……支持
　and equipment……支持與設備
　and physical facilities……支持與物理上的設施
　and time management……支持與時間管理
　financial……支持與財政
　personnel……支持與人事
syllabi……授課摘要
synthesis……綜合

T

interdisciplinary........................跨科的小組
school-within-a- school................校中校的小組
school-directed..................學校安排主導的小組
single-disciplinary..................單一學科的小組

V

values..價值
variables..變項
videoconferencing..........................視訊會議

W

workshop...工作坊

關於本書作者

Francis J. Buckley.S.J.是舊金山大學的神學教授，他擁有羅馬Gregorian 大學神學博士的學位，並在美國密西根州立大學進行教育心理的博士後研究。過去他是美國及加拿大地區神學院社群的首席，並且曾經在各個不同的國家以及各種不同的教育階段任教，而且經常提供協同課程，這些協同課程統整神學和人類學、溝通藝術、教育、管理、心理學和社會學等。

國家圖書館出版品預行編目資料

協同教學／〔Francis J. Buckley作〕；吳麗君
等譯．　一初版 一嘉義市：濤石文化，
2003〔民92〕面；　公分
譯自：Team teaching : What,Why,and how?
ISBN 957-28367-3-0（平裝）
1.教學法
521.4　　　　　　　　92008623

協 同 教 學

TEAM TEACHING

《WHAT . WHY . AND HOW ?》

主譯校閱：吳麗君、鍾聖校
譯　　者：原瑞玲、周思伶、曹致鎰
　　　　　高志芳、江雅琪
出 版 者：濤石文化事業有限公司
發 行 人：陳重光
責任編輯：郭玉滿
校　　對：鍾聖校
封面設計：白金廣告設計 梁叔爰
地　　址：嘉義市台斗街57-11號3F-1
登 記 證：嘉市府建商登字第08900830號
電　　話：(05)271-4478
傳　　眞：(05)271-4479
户　　名：濤石文化事業有限公司
郵撥帳號：31442485
印　　刷：鼎易印刷事業股份有限公司
初版一刷：2003年7月(1-1000)
I S B N ：957-28367-3-0
總 經 銷：揚智文化事業股份有限公司
　　　　　台北市新生南路三段88號5F-6
電話：886-2-23660309
傳眞：886-2-23660310
定　　價：新台幣300元
E-mail　：waterstone@giga.com.tw